JN115470

逐条解説 シリーズ

逐条解説

●

2019年
資金決済法等
改正

小森卓郎／岡田　大／井上俊剛
●
監修

守屋貴之／鈴木善計／小澤裕史
大野由希／荒井伴介／岡村健史
●
編著

商事法務

●はしがき

　令和元（2019）年5月31日の参議院本会議で、「情報通信技術の進展に伴う金融取引の多様化に対応するための資金決済に関する法律等の一部を改正する法律」が可決・成立した。この法律によって、資金決済に関する法律、金融商品取引法、金融商品の販売等に関する法律、銀行法、保険業法、金融機関等が行う特定金融取引の一括清算に関する法律等、多岐に亘る法律が改正されることになった。本書は、『逐条解説　2019年資金決済法等改正』と題し、その改正の内容を解説するものである。

　本改正は、近年の情報通信技術の進展に伴う金融取引の多様化を踏まえ、金融の機能に対する信頼の向上及び利用者等の保護等を図るため、

①　国際的な動向等を踏まえ、法令上の「仮想通貨」の呼称を「暗号資産」に変更するとともに、暗号資産の流出リスクへの対応等、暗号資産交換業に関する制度の整備

②　暗号資産を用いた証拠金取引やICO（Initial Coin Offering）と呼ばれる資金調達等の新たな取引や不公正な行為に関する制度の整備

③　金融機関の業務に、顧客に関する情報をその同意を得て第三者に提供する業務等の追加

④　店頭デリバティブ取引における証拠金の清算に関し、国際的な取引慣行に対応するための規定の整備

などの施策を盛り込んでいる。

　今般の改正に際しては、金融庁に設置された「仮想通貨交換業等に関する研究会」、及び金融審議会（「金融制度スタディ・グループ」及び「市場ワーキング・グループ」）において、それぞれ検討が行われた。

　各グループで取りまとめられた報告書やこの法改正は、上記の研究会等のメンバーの方々に加え、テーマに応じてプレゼン等をしていただいた方々、さらには、様々な場で議論・情報交換をさせていただいた各界の方々に多くを負っている。この場を借りて、改めて御礼を申し上げたい。

　本書では、まず第1部において、改正の経緯・概要や改正の全体像につ

いて解説している。次に、第2部においては、主な改正事項について改正の狙いやその要点について解説している。さらに、第3部においては、改正法の詳細を逐条形式で解説している。

　本書が実務に携わっている方々の一助になることを通じて、制度の円滑な定着と運用に資することになれば幸いである。

　最後に、本書の出版に当たっては、商事法務の小山秀之氏及び下稲葉かすみ氏にご尽力をいただいており、この場を借りて御礼申し上げる。

　なお、文中、意見にわたる部分については、各筆者の個人的な見解であることを申し添えたい。

　2020年1月

小森　卓郎

岡田　　大

井上　俊剛

逐条解説　2019年資金決済法等改正

も　く　じ

第 3 条　金融商品の販売等に関する法律の一部改正　123

第 10 条　銀行法の一部改正　129

第 2 章　業務　129

第 11 条　保険業法の一部改正　133

第 2 編　保険会社等　133

第 3 章　業務　133

第 4 章　子会社等　134

第 13 条　金融機関等が行う特定金融取引の一括清算に関する法律の一部改正　140

第4部　参考資料

●執筆者等紹介

[監修]

小森　卓郎（金融庁企画市場局市場課長）

岡田　　大（金融庁企画市場局信用制度参事官）

井上　俊剛（金融庁企画市場局企業開示課長）

[編著]

守屋　貴之（金融庁企画市場局市場課課長補佐）

鈴木　善計（金融庁企画市場局市場課課長補佐）

小澤　裕史（金融庁企画市場局市場課課長補佐）

大野　由希（金融庁企画市場局市場課課長補佐）

荒井　伴介（金融庁企画市場局総務課信用制度参事官室課長補佐）

岡村　健史（金融庁企画市場局企業開示課課長補佐）

[立案担当者]

○資金決済法の一部改正

鈴木　善計（金融庁企画市場局市場課課長補佐）

石園　貴大（金融庁企画市場局市場課専門官）

○金融商品取引法の一部改正

小澤　裕史（金融庁企画市場局市場課課長補佐）

岡本　浩平（金融庁企画市場局市場課課長補佐）

財津　俊佑（金融庁企画市場局市場課課長補佐）

定森　俊昌（金融庁企画市場局市場課課長補佐）

奥田　美希（金融庁企画市場局市場課課長補佐）

増田　雅史（金融庁企画市場局市場課専門官）

澤井　俊之（金融庁企画市場局市場課専門官）

太田　昌男（金融庁企画市場局市場課市場法制企画調整官）

八木原栄二（金融庁企画市場局企業開示課開示企画調整官）

岡村　健史（金融庁企画市場局企業開示課課長補佐）

堀内　　隼（金融庁企画市場局企業開示課課長補佐）

中条咲耶子（金融庁企画市場局企業開示課専門官）

○金融商品の販売等に関する法律の一部改正

島貫まどか（金融庁企画市場局総務課課長補佐）

○銀行法等の一部改正

荒井　伴介（金融庁企画市場局総務課信用制度参事官室課長補佐）

西澤　祐樹（金融庁企画市場局総務課信用制度参事官室課長補佐）

川内　裕登（金融庁企画市場局総務課信用制度参事官室課長補佐）

○金融機関等が行う特定金融取引の一括清算に関する法律の一部改正

大野　由希（金融庁企画市場局市場課課長補佐）

表　　大祐（金融庁企画市場局市場課専門官）

※肩書きは立案当時のものである。

［協力者］

竹内裕智、針貝充喜、新井恵美、渡邉紀尚、花野井椋、山根明樹枝、
片岡素香、富永苑子、北野健也、本間　晶、佐藤　力、政平英雄、
平見桃子、末広賢司、小宮山圭介、佐野晶子、伊東広樹、玉生あみ香、
野口雄司

●執筆担当

［第1部］

　小森　卓郎　　　岡田　　大　　　鈴木　善計　　　小澤　裕史
　大野　由希　　　荒井　伴介

［第2部］

　小森　卓郎　　　岡田　　大　　　井上　俊剛　　　鈴木　善計
　小澤　裕史　　　定森　俊昌　　　大野　由希　　　荒井　伴介
　岡村　健史

［第3部］
○資金決済法の一部改正
　小森　卓郎　　　鈴木　善計　　　石園　貴大
○金融商品取引法の一部改正
　小森　卓郎　　　井上　俊剛　　　小澤　裕史　　　定森　俊昌
　奥田　美希　　　増田　雅史　　　澤井　俊之　　　岡村　健史
　堀内　　隼　　　中条咲耶子
○金融商品の販売等に関する法律の一部改正
　島貫まどか
○銀行法等の一部改正
　岡田　　大　　　小長谷章人　　　荒井　伴介　　　西澤　祐樹
　川内　裕登
○金融機関等が行う特定金融取引の一括清算に関する法律の一部改正
　小森　卓郎　　　八幡　道典　　　大野　由希　　　表　　大祐

●凡例

　本書においては、特に断りのない限り以下のように略記する。

1．改正法：情報通信技術の進展に伴う金融取引の多様化に対応するための資金決済に関する法律等の一部を改正する法律（令和元年法律第 28 号）

2．資金決済法：資金決済に関する法律（平成 21 年法律第 59 号）

3．改正資金決済法：改正法による改正後の資金決済法

4．仮想通貨交換業者に関する内閣府令：仮想通貨交換業者に関する内閣府令（平成 29 年内閣府令第 7 号）

5．金商法：金融商品取引法（昭和 23 年法律第 25 号）

6．改正前の金商法：改正法による改正前の金商法

7．改正金商法：改正法による改正後の金商法

8．施行令：金融商品取引法施行令（昭和 40 年政令第 321 号）

9．金融商品の販売等に関する法律：金融商品の販売等に関する法律（平成 12 年法律第 101 号）

10．銀行法：銀行法（昭和 56 年法律第 59 号）

11．保険業法：保険業法（平成 7 年法律第 105 号）

12．一括清算法：金融機関等が行う特定金融取引の一括清算に関する法律（平成 10 年法律第 108 号）

13．改正一括清算法：改正法による改正後の一括清算法

14．一括清算法施行規則：金融機関等が行う特定金融取引の一括清算に関する法律施行規則（平成 10 年総理府・大蔵省令第 48 号）

15．会社更生法：会社更生法（平成 14 年法律第 154 号）

16．投資信託法：投資信託及び投資法人に関する法律（昭和 26 年法律第 198 号）

17．振替法：社債、株式等の振替に関する法律（平成 13 年法律第 75 号）

第1部

改正の概要

　近年の情報通信技術の進展に伴う金融取引の多様化を踏まえ、金融の機能に対する信頼の向上及び利用者等の保護等を図ることが重要な課題となっている。

　こうした中、これらの課題について、「仮想通貨交換業等に関する研究会」及び金融審議会（「金融制度スタディ・グループ」と「市場ワーキング・グループ」）で検討が行われ、平成30年12月から翌年1月にかけて、各グループにおける検討結果を取りまとめた報告書等が公表された[注1]。各報告書等で示された提言のうち、法律上の手当てが必要なものについて検討が進められ、平成31年3月15日に、「情報通信技術の進展に伴う金融取引の多様化に対応するための資金決済に関する法律等の一部を改正する法律案」として閣議決定され、同日国会に提出された。同法案はその後、国会における審議を経て、令和元年5月31日に成立、同年6月7日に公布された（令和元年法律第28号）[注2]。

　本第1部においては、今般の改正の経緯及び概要について解説を行うこととしたい。

（注1）　それぞれの報告書については、以下を参照されたい。
　　　・「仮想通貨交換業等に関する研究会」報告書（平成30年12月21日）（https://www.fsa.go.jp/news/30/singi/20181221.html）。
　　　・金融審議会　金融制度スタディ・グループ「金融機関による情報の利活用に係る制度整備についての報告」（平成31年1月16日）（https://www.fsa.go.jp/singi/singi_kinyu/tosin/20190116.html）。
　　　・金融審議会　市場ワーキング・グループ「直接金融市場に関する現行規制の点検」（平成30年12月27日）（https://www.fsa.go.jp/singi/singi_kinyu/tosin/20181227.html）。
（注2）　施行日は、公布の日から1年以内の政令で定める日とされている（改正法附則1条）。

1　改正の経緯

(1)　仮想通貨交換業等に関する研究会

　仮想通貨[注]に関しては、マネーロンダリング・テロ資金供与対策に関する国際的要請がなされたことや、国内で当時世界最大規模の仮想通貨の交

換業者が破綻したことを受け、平成29年4月より、仮想通貨の支払・決済手段としての性格に着目し、仮想通貨と法定通貨の交換等を行う事業者に対して、犯罪による収益の移転防止に関する法律による本人確認義務等が導入され、また、資金決済法による登録制の導入や一定の利用者保護の整備が図られた。

　その後、平成30年1月に、不正アクセスにより、仮想通貨交換業者が管理する顧客の仮想通貨が外部に流出するという事案が発生したほか、立入検査により、いわゆる「みなし業者」を含む多くの仮想通貨交換業者において、内部管理態勢等の不備が把握された。また、仮想通貨の価格が乱高下し、仮想通貨が投機の対象となっている、との指摘があったほか、証拠金を用いた仮想通貨の取引や仮想通貨による資金調達等の新たな取引が登場する動きも見られた。

　こうした状況を受け、仮想通貨交換業等をめぐる諸問題について制度的な対応を検討するため、平成30年3月に金融庁に外部有識者をメンバーとする「仮想通貨交換業等に関する研究会」が設置され、同年4月より11

「仮想通貨交換業等に関する研究会」報告書の概要

顧客の仮想通貨の流出事案が複数発生	価格が乱高下し、仮想通貨が投機の対象になっている、との指摘
事業規模の急拡大に業者の内部管理態勢の整備が追いついていない実態	仮想通貨を用いた新たな取引（証拠金取引やICO）の登場

適正な自己責任

仮想通貨交換業者を巡る課題への対応

◆ 仮想通貨の流出リスク等への対応
- オンラインで秘密鍵を管理する顧客の仮想通貨相当額以上の純資産額及び弁済原資（同種・同量以上の仮想通貨）の保持を義務付け
- 顧客の仮想通貨返還請求権を優先弁済の対象とする仕組みを整備
- 財務書類の開示を義務付け

◆ 業務の適正な遂行の確保
- 取引価格情報の公表を義務付け
- 投機的取引を助長する広告・勧誘を禁止
- 自主規制との連携（自主規制機関未加入業者の登録拒否・取消し）（自主規制機関未加入者を限定していない自主規制機関未加入業者の登録拒否・取消し）

◆ 問題がある仮想通貨の取扱い
- 利用者保護や業務の適正かつ確実な遂行に支障を及ぼすおそれがある仮想通貨の取扱いを禁止
- 取り扱う仮想通貨の変更を事前届出に見直し

仮想通貨証拠金取引等への対応

◆ 証拠金取引であることを踏まえた対応
- 外国為替証拠金取引（FX取引）と同様に業規制の対象とし、不招請勧誘の禁止などの行為規制を適用
- 仮想通貨の価格変動の実態を踏まえ、適切な証拠金倍率の上限を設定

◆ 仮想通貨の特性等を踏まえた追加的な対応
- 仮想通貨に特有のリスクに関する説明を義務付け
- 最低証拠金を設定

◆ 仮想通貨信用取引への対応
- 仮想通貨信用取引と同様の機能・リスクを有することを踏まえ、同様の規制を適用

ICO（Initial Coin Offering）への対応

様々な問題への指摘が多い一方で、将来の可能性への指摘も踏まえつつ、規制を整備

◆ 投資性を有するICOへの対応
- 仮想通貨による出資を募る行為が規制対象となることを明確化
- ICOトークンの流通性の高さや投資家のリスク等を踏まえて、以下のような仕組みを整備
  - 50名以上に勧誘する場合、発行者に公募縦覧型の発行・継続開示を義務付け
  - 仲介業者を金融商品取引業と同様の業規制の対象とし、発行者の事業・財務状況の審査を義務付け
  - 有価証券と同様の不公正取引規制を適用
    ※ インサイダー取引規制は、今後の事例の蓄積等を踏まえ検討
  - 非上場株式と同様に一般投資家への勧誘を制限

◆ その他のICOへの対応
- ICOトークンを取り扱う仮想通貨交換業者に、事業の実現可能性等に関する情報提供を義務付け

◆ 仮想通貨の不公正な現物取引への対応
- 不正行為・風説の流布等・不当な価格操作等、行為主体を限定せずに禁止
- 仮想通貨交換業者に、取引審査を義務付けるとともに、未公表情報に基づき利益を図る目的での取引を禁止

◆ 仮想通貨カストディ業務への対応
- 業規制の対象とし、仮想通貨交換業者に適用される顧客の仮想通貨の管理に関する規制を適用

◆ 業規制の導入に伴う経過措置
- 仮想通貨証拠金取引等への業規制の導入に際し、経過措置を設ける場合には、経過期間中の業務内容の追加等を禁止

◆ 法令上の呼称の変更
- 国際的な動向等を踏まえ、「仮想通貨」の呼称を「暗号資産」に変更

（参考）金融庁ウェブサイト（https://www.fsa.go.jp/news/30/singi/20181221-2.pdf）。

回にわたり、関係者からのヒアリング等を含む検討が行われ、同年12月、報告書（以下「研究会報告書」という）が公表された。

(注) 本書では、資金決済法の一部改正により、「仮想通貨」の呼称が「暗号資産」に変更されることとなったことを受け、原則として、「暗号資産」の呼称を用いることとし、「仮想通貨交換業等に関する研究会」の設立経緯や報告書の内容について言及する場合にのみ、「仮想通貨」の呼称を用いている。

⑵　金融制度スタディ・グループ

　情報通信技術の飛躍的な発展等により、金融を取り巻く環境にも変化の兆しが見られる。金融サービスや金融機関のあり方も大きく変容しつつある中、金融制度についても、こうした変化に対応したものとしていくことが重要な課題である。

　平成29年11月の金融審議会総会においては、こうしたことなども踏まえ、金融担当大臣から「機能別・横断的な金融規制の整備等、情報技術の進展その他の我が国の金融を取り巻く環境変化を踏まえた金融制度のあり方について検討を行うこと」との諮問がなされた。金融審議会は、この諮問を受けて「金融制度スタディ・グループ」を設置した。

　「金融制度スタディ・グループ」は、まず、機能別・横断的な金融規制体系の整備にあたっての基本的な考え方などについて審議を行った。平成30年6月には、金融の「機能」の分類や、各「機能」において達成されるべき利益等をまとめた「中間整理」(注)が公表された。

　「金融制度スタディ・グループ」は平成30年9月に再開され、①情報の適切な利活用、②決済の横断法制、③プラットフォーマーへの対応、④銀行・銀行グループに対する規制の見直し、を当面の検討事項とし、上記「中間整理」も踏まえつつ、更なる審議を行ってきた。金融業を巡る環境が急速に変化していることを踏まえ、「議論が収束したものから取りまとめ、対応を求めていく」という観点から、上記①（情報の適切な利活用）や上記④（銀行・銀行グループに対する規制の見直し）との関連で、「金融機関による情報の利活用に係る制度整備についての報告」が取りまとめられ、平成31年1月に公表された。

（注）　金融審議会　金融制度スタディ・グループ「金融制度スタディ・グループ中間整理—機能別・横断的な金融規制体系に向けて—」（平成 30 年 6 月 19 日）（https://www.fsa.go.jp/singi/singi_kinyu/tosin/20180619.html）。

(3)　市場ワーキング・グループ

　平成 30 年 9 月より再開した金融審議会「市場ワーキング・グループ」の第 17 回・第 18 回会合において、「直接金融市場に関する現行規制の点検」として、金融庁が検討している法制度の見直しの方向性についても検討及び審議を行った。その中の論点の 1 つとして、「非清算店頭デリバティブ取引の証拠金規制」について検討及び審議が行われ、同年 12 月、「決済における安定性を確保する観点から、関係法令において、国際慣行に即した証拠金授受を一括清算の対象とするため必要な規定を整備することが適当」等の提言を内容とする、「直接金融市場に関する現行規制の点検」が公表された。

(4)　改正法案の策定から公布まで

　これら報告書等で示された提言を踏まえ、このうち、法律上の手当てが必要なものについて、法律案の策定作業が進められ、

①　国際的な動向等を踏まえ、資金決済法上の「仮想通貨」の呼称を「暗号資産」に変更するとともに、暗号資産の流出リスクへの対応等、暗号資産交換業に関する制度を整備

②　暗号資産を用いた証拠金取引や ICO（Initial Coin Offering）と呼ばれる資金調達等の新たな取引、及び不公正な行為に関する制度を整備

③　金融機関の業務に、顧客に関する情報をその同意を得て第三者に提供する業務等の追加

④　店頭デリバティブ取引における証拠金の清算に関し、国際的な取引慣行に対応するための規定の整備

などの施策を盛り込んだ「情報通信技術の進展に伴う金融取引の多様化に対応するための資金決済に関する法律等の一部を改正する法律案」が、平成 31 年 3 月 15 日に閣議決定され、同日国会に提出された。第 198 回国会

（常会）における同法律案は、衆議院において先議され、衆議院財務金融委員会における審議を経て（同委員会において附帯決議^(注1)が付されている）、令和元年5月21日の衆議院本会議において可決され、参議院に送付された。その後、参議院財政金融委員会における審議を経て（同委員会においても、附帯決議^(注2)が付されている）、同年5月31日に参議院本会議において可決・成立し、同年6月7日に公布された（令和元年法律第28号）。

（注1）　政府は、次の事項について、十分配慮すべきである旨の附帯決議が付された。

　一　近年における暗号資産及びICO（イニシャル・コイン・オファリング）取引の実態等を踏まえ、利用者保護等の観点から、実効性のある検査及び監督体制を整備すること。

　　　その際、優秀な人材の確保と職員の専門性の向上を図るとともに、必要な定員の確保及び機構の整備に努めること。

　二　暗号資産、電子記録移転権利及びそれらを支えるブロックチェーン技術は、デジタル化・ネットワーク化が進展する新しい時代の中において特に先進的かつ革新的な技術とその適用であることを踏まえ、本法により整備される各種規定の運用に際しては、民間部門が過度に萎縮することがないよう法解釈の周知徹底に努めるとともに、基礎となるブロックチェーン技術の開発及び提供によるイノベーションにも十分留意すること。

　三　暗号資産、電子記録移転権利についての政府令等を定めるに当たっては、規制対象事業の実態を考慮し、整合的かつ合理的に実施可能な制度を全体として構築するよう努めること。

　四　暗号資産、電子記録移転権利については、特定の地方公共団体域内や企業内、専ら事業者間において利用されるものなど多様な利用場面が想定されるほか、暗号資産交換業者の業態やICOについても、広く一般人を対象とするものから適格機関投資家等一定の知識経験を有する者のみを対象とするものなど、多様なものが想定される。本法の運用に当たっては、こうした多様性に配慮して、暗号資産の利用目的や利用対象者の関係で過度な規制とならないよう注視し、必要に応じ適切に対応すること。

　五　技術革新による金融サービスの急速な変化に対応し、適切な金融規制体系を構築する観点から、必要に応じて行政当局による監督権限の行使を可能とする法令に基づく規制と、環境変化に応じて柔軟かつ機動的な対応を行い得る自主規制団体が策定する自主規制の連携を十分に図るよう努めること。

　六　暗号資産、電子記録移転権利については、クロスボーダー取引が盛んに行われている実態に鑑み、G20各国の規制動向を十分に把握するとともに各国と連携し、

国際的に調和のとれた規制体系となるよう適時に見直しを行うこと。

七 ICO の会計処理等は、発行されるトークンの性質に応じて異なるものと考えられるため、国際的な議論を勘案しつつ、会計処理等の考え方について整理のうえ、ガイドラインの策定等の必要な対策を講ずること。

八 附則第三十二条の検討を行うに当たっては、法的安定性の確保及び利用者保護の一層の確保のために、暗号資産、電子記録移転権利等の移転その他の権利義務関係といった私法上の取扱いの明確化も含めた検討を行うこと。

九 地方公共団体が暗号資産及び電子記録移転権利を資金調達の手段として適切に利用することができるようにするための方策について検討を加え、その結果に基づき、必要な措置を講ずること。

十 暗号資産及び電子記録移転権利の譲渡、暗号資産を用いたデリバティブ取引等に係る所得に対する所得税等の課税の在り方について検討を加え、その結果に基づき、必要な措置を講ずること。

十一 金融商品取引法第二条第三項に規定する有価証券の募集及び同条第四項に規定する有価証券の売出しに対する規制の在り方について、電子記録移転権利の取引の実態を踏まえた検討を加え、その結果に基づき、必要な措置を講ずること。

十二 他人のために暗号資産の管理のみを業として行う者に対する規制の在り方について、マネー・ローンダリング及びテロ資金供与対策という国際的要請に応えつつ、可能な限り暗号資産交換業の利用者の利便性の向上に資する観点から検討を加え、その結果に基づき、必要な措置を講ずること。

十三 八から十二までの各項の検討及び措置を行うに際しては、暗号資産及び電子記録移転権利並びにそれらの基礎となる技術が我が国の産業の高度化に資する可能性があることを踏まえ、法規制がこれらの技術の開発及び応用を過度に制限することがないように配慮すること。

十四 金融機関の顧客情報を第三者に提供する業務については、個人情報の有用性に配慮しつつ、センシティブ情報を含む個人情報の保護が図られるよう万全を期すとともに、十分な検査・監督体制の整備に努めること。

十五 金融機関の顧客情報を第三者に提供する際の当該顧客の同意においては、提供先である第三者の範囲、当該第三者における利用目的及び提供される個人情報の内容について、当該顧客が理解した上で同意に関する判断を行うことができ、かつ、その意思を明確に反映できる方法により行われるようガイドライン等を適切に策定するとともに、検査・監督によりその実効性を確保し、当該顧客の利便が損なわれることがないようにすること。

(注2) 衆議院財務金融委員会と同一の附帯決議となっている。

2　改正の概要

　改正法は、近年の情報通信技術の進展に伴う金融取引の多様化を踏まえ、金融の機能に対する信頼の向上及び利用者等の保護等を図るため、以下の措置を講ずることを内容とするものである。

⑴　暗号資産の交換・管理に関する業務への対応（資金決済法関連の改正部分）

　国際的な動向等を踏まえ、資金決済法上の「仮想通貨」の呼称を「暗号資産」に変更するとともに、暗号資産の流出リスクへの対応等、暗号資産交換業に関する制度を整備する。具体的には、

①　暗号資産交換業者に対し、顧客の暗号資産を原則として信頼性の高い方法（コールドウォレット等）で管理することを義務付け。それ以外の方法で管理する場合には、別途、見合いの弁済原資（同種・同量の暗号資産）を保持することを義務付け

②　暗号資産交換業者に対し、広告・勧誘規制を整備

情報通信技術の進展に伴う金融取引の多様化に対応するための資金決済に関する法律等の一部を改正する法律の概要

令和元年6月7日公布

| 情報通信技術の進展に伴う金融取引の多様化 | → | 金融の機能に対する信頼向上や利用者保護等の必要 |

国際的な動向等を踏まえ、法令上の「仮想通貨」の呼称を「暗号資産」に変更

暗号資産の交換・管理に関する業務への対応
- ◆ 暗号資産交換業者に対し、顧客の暗号資産は、原則として信頼性の高い方法（コールドウォレット等）で管理することを義務付け
　それ以外の方法で管理する場合には、別途、見合いの弁済原資（同種・同量の暗号資産）を保持することを義務付け
- ◆ 暗号資産交換業者に対し、広告・勧誘規制を整備
- ◆ 暗号資産の管理のみを行う業者（カストディ業者）に対し、暗号資産交換業規制のうち暗号資産の管理に関する規制を適用

暗号資産を用いた新たな取引や不公正な行為への対応
- ◆ 暗号資産を用いた証拠金取引について、外国為替証拠金取引（FX取引）と同様に、販売・勧誘規制等を整備
- ◆ 収益分配を受ける権利が付与されたICO(Initial Coin Offering)トークンについて、
  - ➢ 金融商品取引規制の対象となることを明確化
  - ➢ 株式等と同様に、投資家への情報開示の制度や販売・勧誘規制等を整備
- ◆ 暗号資産の不当な価格操作等を禁止

その他情報通信技術の進展を踏まえた対応
- ◆ 情報・データの利活用の社会的な進展を踏まえ、
  - ➢ 金融機関の業務に、顧客に関する情報をその同意を得て第三者に提供する業務等を追加
  - ➢ 保険会社の子会社対象会社に、保険業に関連するIT企業等を追加
- ◆ 金融機関が行う店頭デリバティブ取引における証拠金の清算に関し、国際的に慣行となっている担保権の設定による方式に対応するための規定を整備

（参考）金融庁ウェブサイト（https://www.fsa.go.jp/common/diet/198/02/gaiyou.pdf）。

③ 暗号資産の管理のみを行う業者（カストディ業者）に対し、暗号資産
交換業規制のうち暗号資産の管理に関する規制を適用

**(2) 暗号資産を用いた新たな取引や不公正な行為への対応（金融商品取
引法関連の改正部分）**

① 暗号資産を用いた証拠金取引について、外国為替証拠金取引（FX取
引）と同様に、販売・勧誘規制等を整備
② 収益分配を受ける権利が付与されたICOトークンについて、
　(i) 金融商品取引法の対象となることを明確化
　(ii) 株式等と同様に、投資家への情報開示の制度や販売・勧誘規制等
　　を整備
③ 暗号資産の不当な価格操作等を禁止

(3) その他情報通信技術の進展を踏まえた対応

① 情報・データの利活用の社会的な進展を踏まえた、下記改正（銀行法
関連の改正部分）
　(i) 金融機関の業務に、顧客に関する情報をその同意を得て第三者に
　　提供する業務等を追加
　(ii) 保険会社の子会社対象会社に、保険業に関連するIT企業等を追
　　加
② 金融機関が行う店頭デリバティブ取引における証拠金の清算に関
し、国際的に慣行となっている担保権の設定による方式に対応するた
めの規定を整備（一括清算法関連の改正部分）

第2部

主な改正事項の狙いと要点

Ⅰ｜資金決済法に係る改正の概要

　仮想通貨交換業者については、マネーロンダリング・テロ資金供与対策に関する国際的要請を契機に、また、国内における事業者の破綻を受け利用者の保護を確保する観点から、平成28年に資金決済法等の改正が行われ、一定の制度的枠組みが整備された。

　しかしながら、その後、仮想通貨の種類の増加や事業規模の急拡大が進む中、匿名性が高いなど問題のある仮想通貨の存在が知られるようになったことや、仮想通貨交換業者の内部管理態勢の不備、利用者から管理を受託した仮想通貨や金銭の流出・流用事案の発生、過度な広告等が行われているなどの様々な問題が指摘されていた。

　改正法では、こうした状況に対応するため、制度的枠組みの見直しを含む所要の制度整備を行っている。

1　「暗号資産」への呼称変更等

⑴　「暗号資産」への呼称変更

　仮想通貨交換業への規制導入時においては、FATF（Financial Action Task Force：金融活動作業部会）や諸外国の法令等で"virtual currency"の用語が用いられており、その邦訳である「仮想通貨」が国内においても呼称として一般的に用いられていたため、法令上の呼称を「仮想通貨」と規定していた。

　一方、最近では、G20サミットなどの国際的な議論の場において、"crypto asset"（暗号資産）との表現が用いられており、また、資金決済法において仮想通貨交換業者に対して法定通貨との誤認防止のための説明義務を課しているが「仮想通貨」の呼称はなお法定通貨との誤認を生みやすいとの指摘もある。

　こうしたことを踏まえ、改正法では、「仮想通貨」の呼称を「暗号資産」

に、「仮想通貨交換業」を「暗号資産交換業」に、「仮想通貨交換業者」を「暗号資産交換業者」に変更している（改正資金決済法第2条第5項・第7項・第8項）。

(2)　暗号資産の定義

資金決済法上、「仮想通貨」は、不特定の者に対して代価の弁済に使用でき、かつ、不特定の者を相手方として法定通貨と相互に交換できるといった性質を有する財産的価値と定義されており、改正法はこうした定義を変更するものではない。

他方、暗号資産に収益分配を受ける権利が表示され、このような権利が改正金商法に規定する「電子記録移転権利」の定義に該当する場合、これに資金決済法と金商法が重複して適用されることを避けるため、改正法では、暗号資産の定義から当該権利を表示するものを除くこととしている（改正資金決済法第2条第5項ただし書）。

2　暗号資産カストディへの対応
(1)　他人のために行う暗号資産の管理

近時、暗号資産の売買・交換やそれらの媒介・取次ぎ・代理（以下「暗号資産の売買等」という）は行わないが、利用者の暗号資産を管理し、利用者の指図に基づき利用者が指定する先に暗号資産を移転させる業務（以下「暗号資産管理業務」という）が登場している。資金決済法上、暗号資産の売買等に関して利用者の暗号資産を管理することは暗号資産交換業に該当するが、暗号資産の売買等を伴わない暗号資産管理業務は、暗号資産交換業に該当しないと解される。

もっとも、暗号資産管理業務は、サイバー攻撃により利用者の暗号資産が流出するリスクやマネーロンダリング・テロ資金供与リスクといった点において、暗号資産交換業と共通のリスクがあると考えられるほか、平成30年10月には、暗号資産管理業務を提供する事業者をマネーロンダリング・テロ資金供与規制の対象とするよう求める勧告の改訂がFATFにおいて採択されている。

　こうしたことを踏まえ、改正法では、暗号資産管理業務を暗号資産交換業の業務類型に加えて規制対象とすることとしている。ただし、暗号資産の設計・仕様は多様であることから^(注)、その規制範囲の在り方については今後の議論の進展や個別具体的な事情も考慮して検討する必要があると考えられる。

　なお、事業者が他の法律の特別の規定により暗号資産の管理を行う場合は、資金決済法の規制対象から除くこととしている（改正資金決済法第2条第7項第4号かっこ書き）。

> （注）　例えば、暗号資産の移転に複数の秘密鍵による電子署名が必要なもの（一般に「マルチシグ」と呼ばれている）があるが、マルチシグと呼ばれるものにも、秘密鍵が2つ存在し、その移転に両方の秘密鍵が必要なものや、秘密鍵が3つ存在し、移転にはそのうち2つの秘密鍵が必要なものなど、様々な仕組みがあり得る。

(2)　経過措置

　改正法の施行より以前から暗号資産管理業務を行っていた者について、改正法の施行後にその業務の継続を認めないこととした場合、その利用者に混乱や不利益を生じさせることも考えられる。そのため、改正法では、改正法の施行の際現に暗号資産管理業務を行っている者について、施行日から6ヶ月間（当該期間内に登録の申請等をした場合には、登録又はその拒否の処分までの間）は、登録を受けなくとも改正資金決済法上の暗号資産交換業者とみなして当該業務を継続できることとする経過措置を設けている（改正法附則第2条第1項・第2項本文）。

　もっとも、こうした事業者が登録を得ることなく行うことができる業務の範囲は、改正法の施行の際現に行っている暗号資産管理業務の利用者のために、改正法の施行の際現に管理している暗号資産と同じ種類の暗号資産を管理することに限定されており、新規利用者の獲得や取り扱う暗号資産を新たに追加することは禁止される（改正法附則第2条第1項）。

　また、経過措置の適用を受けて暗号資産管理業務を行う場合には、施行日から2週間以内に商号及び住所を内閣総理大臣に届け出なければならないこととし、施行日から1年6ヶ月を経過しても登録が得られない場合に

は、それ以降、当該業務を継続することはできないこととしている（改正法附則第2条第2項ただし書、第3条第1項）。

3　問題のある暗号資産への対応

　暗号資産の設計・仕様は様々であり、中には、移転記録が公開されず、マネーロンダリング等に利用されるおそれが高い追跡困難なものや、移転記録の維持・更新に脆弱性を有するものなどの存在が知られてきている。

　そのため、新たに取り扱おうとする暗号資産が問題のある暗号資産でないか、適切な体制が整備されているかなどを当局が事前に把握できる枠組みとすることが望ましいと考えられることから、改正法では、取り扱う暗号資産の変更を事前届出の対象とし、必要に応じて認定資金決済事業者協会（以下「認定協会」という）とも連携しつつ、柔軟かつ機動的な対応を行い得ることとしている。

　加えて、暗号資産交換業の内容及び方法の変更についても、上記と同様の観点から、事前届出を求めることとしている[(注)]（改正資金決済法第63条の6第1項）。

　なお、これらの事項に係る変更のうち、利用者の保護に欠け、又は暗号資産交換業の適正かつ確実な遂行に支障を及ぼすおそれが少ない場合は従前のとおり事後届出の対象としており、その範囲は内閣府令において定められる（改正資金決済法第63条の6第1項かっこ書き）。

　(注)　資金決済法においては、暗号資産交換業者の取り扱う暗号資産や業務の内容・方法の変更は、事後届出とされている。

4　過度な広告等への対応

　昨今、暗号資産交換業者による積極的な広告等により、暗号資産の値上がり益を期待した投機的な取引が助長されており、また、そうした取引を行う利用者の中には暗号資産のリスクについて認識が不十分な者も存在する、との指摘がなされている。

　こうした指摘を踏まえ、改正法では、暗号資産交換業者に対し、暗号資産交換業に関する広告において、暗号資産は法定通貨ではないことや暗号

資産の性質のうち利用者の判断に影響を及ぼすこととなる重要事項等を表示しなければならないこととしている^(注1)（改正資金決済法第63条の9の2）。

　これらに加え、利用者によるリスクの誤認抑止や適切な業務遂行を確保する観点から、広告・勧誘等に際し、虚偽の表示、暗号資産の性質等^(注2)について人を誤認させるような表示、専ら利益を図る目的で暗号資産の売買・交換を行うことを助長するような表示を禁止するなどのルールを整備している（改正資金決済法第63条の9の3第1号〜第3号）。

　そのほか、改正法では、暗号資産交換業の利用者の保護に欠け、又は暗号資産交換業の適正かつ確実な遂行に支障を及ぼすおそれがある行為を禁止することとしているが、その具体的な内容については内閣府令で定められる（改正資金決済法第63条の9の3第4号）。

（注1）　広告をする際に表示すべき事項の表示方法は、内閣府令において定められる。
（注2）　「暗号資産の性質等」とは、暗号資産の性質その他内閣府令で定める事項をいう。

5　不適切な財産管理等への対応

(1)　信託による受託金銭の管理

　暗号資産交換業者が管理する利用者の金銭については、仮想通貨交換業に対する規制を導入した当時に比べ、その管理額が高額になりつつあり、流用の防止や破綻時の利用者保護を図ることが一層重要であると考えられる。そのため、改正法では、暗号資産交換業者が利用者から受託した金銭は、内閣府令で定めるところにより、信託会社等への金銭信託の方法により管理しなければならないこととしている（改正資金決済法第63条の11第1項）。

(2)　受託暗号資産の管理

　近時、複数の暗号資産交換業者において暗号資産の流出事案が発生したが、これらの流出事案では、いずれも、利用者から受託した暗号資産（以下「受託暗号資産」という）に係る秘密鍵がいわゆるホットウォレット^(注1)で管理されていたことが指摘されている。そのため、改正法では、暗号資産交

換業者に対し、原則として、受託暗号資産を利用者の保護に欠けるおそれが少ない方法（以下「安全性の高い方法」という）で管理しなければならないこととしている（改正資金決済法第63条の11第2項後段）。安全性の高い方法としては、いわゆるコールドウォレット[注2]における管理を想定しているが、その具体的な方法は内閣府令において定められる。

　ただし、利用者からの移転指図に迅速に対応するなど、利用者の利便を確保し、暗号資産交換業の円滑な遂行を図るために必要な数量の受託暗号資産については、必ずしも安全性の高い方法で管理することを要しないものとしている。安全性の高い方法で管理することを要しない暗号資産の数量は、内閣府令においてその要件を定めることとしている（改正資金決済法第63条の11第2項後段かっこ書き）。

（注1）　「ホットウォレット」とは、一般に、外部のネットワークと接続されているウォレットをいう。

（注2）　「コールドウォレット」とは、一般に、外部のネットワークと接続されていないウォレットをいい、ホットウォレットよりも安全性が高いものとされている。

(3)　履行保証暗号資産の保有義務等

　暗号資産交換業者が、利用者の利便を確保し、暗号資産交換業の円滑な遂行を図るために必要な数量の受託暗号資産を安全性の高い方法で管理しない場合、流出リスクは軽減されないこととなる。そのため、当該暗号資産がサイバー攻撃等により流出した場合であっても利用者への返済に支障を来すことのないよう、あらかじめ、返済原資を確保しておくことが必要と考えられる。

　そこで、改正法では、暗号資産交換業者に対し、安全性の高い方法によらないで管理する受託暗号資産と同種・同量の暗号資産（以下「履行保証暗号資産」という）を、自己の固有財産として別途保有し、それ以外の自己の暗号資産と分別して管理[注]しなければならないこととしている（改正資金決済法第63条の11の2第1項前段）。

　また、履行保証暗号資産の分別管理状況について、受託暗号資産の分別管理状況と同様に公認会計士等の監査を受けなければならないこととして

いる（改正資金決済法第63条の11の2第2項）。

　（注）　履行保証暗号資産についても、安全性の高い方法で管理しなければならない。

(4)　利用者の優先弁済権

　資金決済法上、暗号資産交換業者は、受託暗号資産を自己の暗号資産と明確に区分し、かつ、どの利用者の暗号資産であるかを直ちに判別できる状態で管理することとされているが、こうした分別管理が適切に行われていたとしても、暗号資産の私法上の位置付けが明確でないため、暗号資産交換業者の破綻時に利用者が受託暗号資産について自己の財産であると主張できるかどうかは定かでない。

　そのため、改正法では、暗号資産交換業者に対して暗号資産の移転を目的とする債権を有する利用者が、受託暗号資産及び履行保証暗号資産について、他の債権者に先立ち弁済を受ける権利を有することとしている（改正資金決済法第63条の19の2第1項）。

　また、暗号資産交換業者から暗号資産の管理の委託を受けた者その他の関係者は、利用者による当該権利の実行に関し内閣総理大臣から必要な協力を求められた場合には、これに応ずるよう努めなければならないこととしている（改正資金決済法第63条の19の3）。

6　その他
(1)　登録拒否要件等の追加

　改正法では、法令に基づく規制と認定協会の自主規制との連携を図る観点から、認定協会に加入せず、認定協会の自主規制に準ずる内容の社内規則を作成していない場合又は作成した社内規則を遵守するための体制を整備していない場合には、登録拒否事由・登録取消事由に該当することとなるよう規定を整備している（改正資金決済法第63条の5第1項第6号）。

(2)　暗号資産信用取引への対応

　現在、複数の暗号資産交換業者において、暗号資産の信用取引が提供されているが、暗号資産の信用取引自体に対する格別の金融規制は設けられ

ていない。一方で、暗号資産の信用取引は、元手資金にレバレッジを効か
せた取引を行う点で、後述する「暗号資産を用いた証拠金取引」と同じ経
済的機能やリスクを有すると考えられる。

　そこで、改正法では、暗号資産交換業者が信用を供与して暗号資産の交
換等を行う場合には、利用者保護・業務の適正かつ確実な遂行を確保する
ため、一定の措置を講じなければならないこととしており、当該措置の具
体的な内容は、内閣府令において定められる（改正資金決済法第63条の10
第2項）。

Ⅱ 金融商品取引法に係る改正の概要

1　暗号資産を用いた証拠金取引への対応

(1)　現状及び規制導入の必要性

　現在、半数近くの暗号資産交換業者において、暗号資産の証拠金取引が提供されている。これは、暗号資産を原資産とするデリバティブ取引（以下「暗号資産デリバティブ取引」という）の一形態であり、今後、更に新たなデリバティブ取引の類型が登場することも想定される。

　平成29年度において、暗号資産デリバティブ取引は、暗号資産交換業者を通じた国内の暗号資産取引全体の約8割を占めている中、暗号資産交換業者におけるシステム上の不備やサービス内容の不明確さ等に起因する利用者からの相談が、金融庁に対して相当数寄せられている。

　暗号資産デリバティブ取引は、いわゆる外国為替証拠金取引（FX取引）と同様の経済的機能やリスクを有すると考えられ、現に多くの主要国においては、既存のデリバティブ取引規制の対象として扱われているが、我が国においては、デリバティブ取引の原資産である「金融商品」が限定列挙で定められていることから、暗号資産デリバティブ取引は金融規制の対象とはされていなかった。

　そうした中で、「仮想通貨交換業等に関する研究会」報告書（以下「研究会報告書」という）では、「仮想通貨デリバティブ取引については、原資産である仮想通貨の有用性についての評価が定まっておらず、また、現時点では専ら投機を助長している、との指摘もある中で、その積極的な社会的意義を見出し難い」（16頁）と指摘された。また、研究会報告書では、「仮想通貨デリバティブ取引については、上記のとおり積極的な社会的意義を見出し難いこと等を踏まえれば、これを金融商品取引所のような多数の市場参加者による取引が可能な場で取り扱う必要性は、現時点では認められない」（17頁）とも指摘された。

一方で、既に、国内において相当程度の暗号資産デリバティブ取引が行われている現状を踏まえ、「仮想通貨デリバティブ取引については、これを禁止するのではなく、適正な自己責任を求めつつ、一定の規制を設けた上で、利用者保護や適正な取引の確保を図っていく必要がある」（16頁）との指摘もなされた。

(2)　規制の全体像

デリバティブ取引は、その原資産が何であれ、同様の経済的機能やリスクを有するものと考えられる。そのため、金融規制の対象となるデリバティブ取引の原資産である「金融商品」の範囲に、暗号資産を追加した（改正金商法第2条第24項第3号の2）。これにより、暗号資産デリバティブ取引についても、契約締結前交付書面の交付義務（金商法第37条の3第1項）、虚偽告知の禁止（同法第38条第1号）、断定的判断の提供禁止（同条第2号）、不招請勧誘の禁止（同条第4号）といった、他のデリバティブと同様の業規制が適用されることとなる。

一方で、暗号資産デリバティブ取引は、暗号資産の特性についての顧客の認識不足、問題のある暗号資産の取扱い等、暗号資産の現物取引と共通の課題が内在した取引である。また、暗号資産デリバティブ取引については、その積極的な社会的意義を見出し難い中で、過当な投機を招くおそれがある取引でもあるため、暗号資産の特性を踏まえて暗号資産交換業者に求められる対応は、暗号資産デリバティブ取引を業として行う者に対しても同様に求めることが適当と考えられる。これらを踏まえ、暗号資産デリバティブ取引については、暗号資産の特性等を踏まえた規制も新たに整備することとしている[注]。

　（注）　なお、市場デリバティブ取引及び店頭デリバティブ取引の定義上、各種取引の決済手段として金銭が授受されることが必要とされているところ、改正法では、改正金商法第2条の2に基づく政令により、暗号資産をこれらの金銭とみなすことが予定されており、これにより決済手段として暗号資産が授受された場合もデリバティブ取引の規制対象となる予定である。

(3)　規制の概要

ア　変更登録

　暗号資産デリバティブ取引は、既存のデリバティブ取引と比較して、原資産である暗号資産にはその価格の裏付けとなる資産等がないため本源的価値を観念し難く、また、その価格形成のメカニズムは必ずしも明らかとなっていないため、ファンダメンタルズに依拠しない需給の変動により、価格が大きく変動するリスクを抱えている。

　そのため、改正金商法では、暗号資産デリバティブ取引に係る行為を業として行おうとする者にあっては、その登録の際、当該業務を適確に遂行する人的構成や必要な体制が整備されているかどうかを確認する観点から、暗号資産デリバティブ取引に係る行為を業として行う旨を登録申請書の記載事項とするとともに、変更登録の対象としている（改正金商法第31条第4項、第29条の2第1項第9号）。

イ　事前届出

　金融商品取引業者の業務の内容及び方法については、登録申請書の添付書類である業務方法書（金商法第29条の2第2項第2号）の記載事項とされており、変更がある場合には、遅滞なく届け出なければならないこととされている（同法第31条第3項）。

　研究会報告書では、「仮想通貨の設計・仕様は様々であり、中には、移転記録が公開されず、マネーロンダリング等に利用されるおそれが高い追跡困難なものや、移転記録の維持・更新に脆弱性を有するものの存在も知られてきている」（10頁）と指摘された。そのような特徴を持つ暗号資産がデリバティブ取引の原資産として用いられれば、当該暗号資産の流通を促進することにもつながりかねず、マネーロンダリング等の助長や投資者が思わぬ損害を被る事態を招くことにもなりかねない。

　改正金商法では、金融商品取引業者の業務の内容及び方法のうち、「〔同法第二十九条の二〕第一項第八号又は第九号に規定する行為に係るものであつて公益又は投資者保護のため特に必要なものとして内閣府令で定めるもの」について、事前届出の対象とし得る枠組みを整備している（改正金商法第31条第3項）。今後、内閣府令においては、デリバティブ取引の原資産

とする暗号資産の種類などを規定することが考えられる。

ウ　説明義務、誤認表示の禁止

資金決済法は、暗号資産交換業者に対し、取扱い暗号資産と本邦通貨・外国通貨との誤認を防止するための説明等を行うことを義務付けている（資金決済法第63条の10）。

これに加え、研究会報告書では、「仮想通貨交換業者による積極的な広告等により、……顧客の中には、仮想通貨のリスクについての認識が不十分な者も存在する」（8頁）ことが指摘された。そして、暗号資産デリバティブ取引は「仮想通貨の現物取引と共通の課題が内在した取引である」（17頁）ため、「仮想通貨の特性を踏まえて仮想通貨交換業者に求められる対応は、仮想通貨デリバティブ取引を業として行う者に対しても同様に求めることが適当」（18頁）であると指摘された。

これを踏まえ、改正金商法では、顧客におけるリスクの誤認防止や、金融商品取引業者の適切な業務遂行を確保する観点から、金融商品取引業者等が、暗号資産関連業務（その範囲は内閣府令で規定される）を行うときは、内閣府令で定めるところにより、暗号資産の性質に関する説明をしなければならないこととされ（改正金商法第43条の6第1項）、また、金融商品取引業者等又はその役員若しくは使用人が、その行う暗号資産関連業務に関して、顧客を相手方とし、又は顧客のために暗号資産関連行為を行うことを内容とする契約の締結又はその勧誘をするに際し、暗号資産の性質その他内閣府令で定める事項についてその顧客を誤認させるような表示をしてはならないこととされた（同条第2項）。

暗号資産関連業務の範囲や規制内容については、内閣府令で規定することとなっており、今後実態を踏まえて検討することとなるが、暗号資産デリバティブ取引は暗号資産関連業務の範囲に含まれる予定である。

エ　その他

前述のほか、研究会報告書では、「仮想通貨の証拠金取引における証拠金倍率については、……仮想通貨の価格変動は法定通貨よりも大きいことを踏まえ、実態を踏まえた適切な上限を設定することが適当と考えられる」（17頁）との指摘がなされている。また、その積極的な社会的意義を見出し

難い中で、過当な投機を招くおそれがある取引でもあることから、資力や知識が十分でない個人にそうした害悪が及ぶことがないよう、業者に対し、最低証拠金（取引開始基準）の設定等の対応を求めることが適当（18頁）との指摘もなされている。

　これらの点については、内閣府令において、今後実態を踏まえて検討する予定である。

2　ICO への対応

(1)　現状及び規制導入の必要性

　ICO（Initial Coin Offering）には明確な定義はないが、一般には、企業等がトークンと呼ばれるものを電子的に発行して、公衆から法定通貨や暗号資産の調達を行う行為とされる。国内ではあまり事例が見られない一方、一部の民間情報会社によると、平成30年中に ICO によって全世界で調達された金額は約215.8億ドルに達した[注1]。

　ICO に対する評価としては、グローバルな資金調達、中小企業による低コストの資金調達を可能とする等、既存の資金調達手段にはない可能性を指摘する肯定的な声もある一方、有効な活用事例があまり見られない、詐欺的な事案も多く利用者保護が不十分、トークン保有者が有する権利の内容が曖昧、といった問題も指摘されている。

　諸外国では、一部の国で ICO の実施を禁止する動きもみられるが、多くの主要国では、ICO のうち投資性を有するものについては既存の証券規制を適用する旨を明確化し、注意喚起やガイダンスを公表するなどの対応をしている。我が国においては、利用者に対してはそのリスクを注意喚起し、事業者に対しては仕組み次第では金商法や資金決済法の規制対象となり得る旨の注意喚起を行った[注2]。

　このような背景をもとに、研究会報告書では、同様の経済的機能やリスクを有するものには同様の規制を適用するとの考え方を前提として、ICO のうち、発行者が将来的な事業収益等を分配する債務を負っているとされるものの販売（投資性 ICO）には投資に関する金融規制を、支払・決済手段の販売には決済に関する規制をそれぞれ参考として、必要な対応を行うべ

きであるとの方向性が示された（21頁、22頁）。

（注1） CoinSchedule のウェブサイト（https://www.coinschedule.com/stats）参照。

（注2） 金融庁「ICO（Initial Coin Offering）について〜利用者及び事業者に対する注意喚起〜」（平成29年10月27日公表）（https://www.fsa.go.jp/policy/virtual_currency/06.pdf）。

(2) 規制の全体像

この方向性を踏まえ、改正法では、投資性 ICO を金商法により規律することとし、各種規定を整備した^(注)。その中心となるのは、「電子記録移転権利」に関する規律の整備である。

金商法第2条第2項各号に規定されるいわゆる集団投資スキーム持分その他の権利（以下「集団投資スキーム持分等」という）は、これまで流通する蓋然性が低いものとして第二項有価証券に分類され原則として開示規制の対象外となり、その取扱いには第二種金融商品取引業の登録が求められてきた。しかし、ブロックチェーンをはじめとする分散型台帳技術等を活用する場合、株式等と同様に事実上流通し得ることを踏まえ、改正法では、そのようなものを「電子記録移転権利」と定義し、第一項有価証券に含めることで原則として開示規制を課し、その業としての取扱いに第一種金融商品取引業の登録を求めることとした。

なお、いわゆる集団投資スキーム持分として規制対象となるためには、金銭又はその類似物による出資が必要とされているところ（金商法第2条第2項第5号）、改正金商法では、暗号資産を当該金銭とみなすこととし（改正金商法第2条の2）、暗号資産により出資するものが規制対象となることを明確化した。

以下、電子記録移転権利の定義、及びそれに関する規律について詳述する。

（注） 投資性 ICO に該当しない ICO は、そのトークンが多くの場合「暗号資産」に該当するため、引き続き資金決済法の規制対象となる。改正資金決済法は、電子記録移転権利を表示するものを暗号資産の定義から除外することで（改正資金決済法第2条第5項ただし書）、規制の重複を回避している。

(3)　規制の概要

ア　電子記録移転権利の定義

改正金商法第2条第3項柱書は、電子記録移転権利を次のとおり定義する。

〔第二条第二項〕各号に掲げる権利（電子情報処理組織を用いて移転することができる財産的価値（電子機器その他の物に電子的方法により記録されるものに限る。）に表示される場合（流通性その他の事情を勘案して内閣府令で定める場合を除く。）に限る。……）

これは、集団投資スキーム持分等のうち、電子的に記録され移転しうる財産的価値（実務上はこれを「トークン」と呼ぶことがある）に表示されるものを特に指すものであり、その定義に当たっては、資金決済法上の「仮想通貨」の定義（資金決済法第2条第5項）を部分的に参考としている。具体的にはブロックチェーン等の分散型台帳技術を用いるものを主に想定しているが、電子的な記録・移転といった文言上の要件を満たせば、技術的な方式は問わない。

なお、形式上はブロックチェーン等を利用しているものの、例えば、そのトークンが広く流通する蓋然性が事実上ない場合等にまで第一項有価証券として扱う必要はないことから、内閣府令により、そのような場合を電子記録移転権利から除外することも可能な枠組みとなっている。内閣府令における具体的な規定を含め、広く流通する蓋然性がない電子記録移転権利の取扱いについては、今後、実態を踏まえて検討する予定である。

イ　発行者に対する開示規制

金商法は開示規制に関し、有価証券のうち広く流通する蓋然性が高いと考えられるものを「第一項有価証券」、その蓋然性が低いものを「第二項有価証券」として整理している（金商法第2条第3項）。そして、有価証券の募集又は売出し[注1]に該当する場合には、第一項有価証券の発行者には公衆縦覧型の発行開示・継続開示義務を課す一方、第二項有価証券の発行者には原則として当該義務を課さないこととしている（同法第3条第3号）[注2]。集団投資スキーム持分等は、金商法上、第二項有価証券として整理されている（同法第2条第3項）。

　改正金商法では、電子記録移転権利を、流通する蓋然性の高さから、第一項有価証券として位置付けている（改正金商法第2条第3項）。これにより、電子記録移転権利の発行が有価証券の募集又は売出しに該当する場合には、電子記録移転権利の発行者は、有価証券届出書の提出及び目論見書の作成・交付の義務を負い、その後も継続的に有価証券報告書等の提出義務を負うこととなる。

　有価証券届出書、有価証券報告書等における具体的な開示事項については、内閣府令において規定する予定であるが、例えば、現行の集団投資スキーム持分等の開示内容を基本としつつ、使用される分散型台帳技術等の内容についても追加的に開示させることが考えられる。

　また、電子記録移転権利が第一項有価証券と整理されたことに伴い、転売制限^(注3)を付すことを前提に、50名未満に取得勧誘する少人数私募や適格機関投資家のみに取得勧誘する適格機関投資家私募等に該当する場合には、当該電子記録移転権利の発行に関し、開示規制は免除されることとなる（改正金商法第2条第3項第1号・第2号参照）。

（注1）　「有価証券の募集」とは、新たに発行される有価証券の取得申込みの勧誘のうち、第一項有価証券に該当する場合には50名以上の者に対して勧誘を行うものをいう。「有価証券の売出し」とは、既に発行された有価証券の売付け申込みの勧誘等のうち、第一項有価証券に該当する場合には50名以上の者に対して勧誘を行うものをいう。

（注2）　第二項有価証券においても、例えば出資総額の50％を超える額を有価証券に投資する場合には、概ね開示規制の対象となる。

（注3）　電子記録移転権利に関する転売制限については、政府令で定めることとなるが、実態を踏まえて検討する予定である。

ウ　取扱業者の業登録義務等

　金商法においては、有価証券を業として取り扱う行為は、当該有価証券の流通性の高低等に応じ、第一種金融商品取引業（以下「一種業」といい、その登録業者を「一種業者」という）と第二種金融商品取引業（同じく「二種業」、「二種業者」という）に分けられ、所要の規制が課されている（金商法28条以下）。研究会報告書では、投資性ICOを取り扱う業者は、事実上多数の者に流通する可能性がある権利を取り扱うことから、一種業者と同様に整

理することが適当であるとされた（25頁）。

　これを踏まえ、改正金商法は、業として電子記録移転権利を取り扱う行為を、一種業とすることとした（改正金商法第28条第1項第1号。ただし自己募集については後述）。また、一種業者が新たに電子記録移転権利を取り扱おうとする場合、変更登録の手続を要することとなる予定である（同法第31条第4項、第29条の2第1項第8号。その詳細は今後、内閣府令にて定める）。

　なお、いわゆる投資型クラウドファンディングに関し、集団投資スキーム持分はこれまで第二種少額電子募集取扱業務（金商法第29条の4の3第4項）の対象とされていたが、改正金商法においては、電子記録移転権利については第一種少額電子募集取扱業務の対象とすることで（改正金商法第29条の4の2第10項第2号）、前述の業の種別と合わせつつ、少額の投資型クラウドファンディングのみを取り扱おうとする者の参入要件を引き続き緩和することとしている。

　エ　自己募集の規制

　金商法上、集団投資スキーム持分の自己募集を業として行う場合、二種業の登録を要する（金商法第28条第2項第1号）。研究会報告書では、ICOは自己募集の形で行われるものが多いとされることについて、詐欺的な事案の抑止等の必要性を踏まえると第三者の審査を経ることが望ましいが、集団投資スキーム持分は業登録を前提として自己募集が可能であることを踏まえ、これを禁止しない方向性が示された（25頁）。

　これを受け、改正金商法では、電子記録移転権利に該当する集団投資スキーム持分について従前の規律を変更せず、自己募集を業として行う場合、引き続き二種業の登録を要することとした（改正金商法第28条第2項第1号）。

　なお、二種業者が新たに電子記録移転権利の自己募集を行おうとする場合、変更登録の手続を要することとなる予定であることは前述ウと同様である（改正金商法第31条第4項、第29条の2第1項第8号）。

　オ　その他

　ICOに関するその他の改正内容として、例えば、分別管理義務に関する

改正がある。金商法上、有価証券の売買等に関して顧客から金銭や同法第
2条第1項各号に掲げる証券又は証書の預託を受ける行為が金融商品取引
業に含まれるが、新たに、電子記録移転権利の預託を受ける行為もその対
象となった（改正金商法第2条第8項第16号・第7号）。これにより、当該行
為は有価証券等管理業務にも含まれることとなり（同法第28条第5項・第
1項第5号）、同業務に関する特則として、預託を受ける一種業者に分別管
理義務が課されることとなった（同法第43条の2第1項第2号）。電子記録
移転権利を「確実にかつ整然と管理する方法」は、今後、内閣府令におい
て具体化されることとなる。

　また、不公正行為に関する規制（金商法第6章）は、他の有価証券に対す
る規制と基本的に同様であるが、このうちいわゆるインサイダー取引規制
（同法166条等参照）については、ICO は設計の自由度が高く、何が投資家
の投資判断に著しい影響を及ぼす重要事実に該当するかが明らかでないた
め、事例の蓄積や適時開示の充実等が図られた後に改めて検討することが
適当との考えが研究会報告書において示されたこと（26頁）を踏まえ、電
子記録移転権利はその対象に追加されていない。

　なお、研究会報告書では、この他、ICO の取扱業者に対し、事業や発行
者の財務状況等についての審査（スクリーニング）を義務付けること、広告・
勧誘規制や説明義務等の行為規制を課すことにも触れている（24頁、25
頁）。これらの点は、今後の政府令改正の際、実態を踏まえ検討する予定で
ある。

3　暗号資産を用いた不公正な行為への対応

(1)　現状及び規制導入の必要性

　研究会報告書では、暗号資産の取引を巡っては、暗号資産交換業者に係
る未公表情報（新規暗号資産の取扱開始）が外部に漏れ、情報を得た者が利
益を得たとされる事案や、仕手グループが、SNS を用いて、時間と取引の
場を指定して特定の暗号資産の購入をフォロワーに促し、その価格を吊り
上げて売り抜けたとされる事案があったとの指摘がある（11頁）。

　金商法は、有価証券の取引等に関する一定の不公正な行為を罰則付きで

禁止しており（金商法第6章）、その一部は課徴金の対象とされている（同法第173条〜第175条の2）。これに対し、研究会報告書では、暗号資産の取引については、有価証券の取引等とは経済活動上の意義や重要性が異なることや、有価証券の取引等に係る不公正行為規制の執行に要する行政コストを勘案すれば、現時点で、これと同様の規制を課し、同様の監督・監視体制を構築する必要性までは認められないと指摘された（11頁）。

　もっとも、前述のように、暗号資産の取引に関しても、現に不公正な行為を通じて不当な利得や被害が発生していることから、これらの行為を抑止するための一定の対応は必要と考えられる[注1]。かかる要請を背景に、研究会報告書では、抑止の実効性を確保する観点から、行為主体を限定することなく、不公正な行為を罰則付きで禁止することが有効であり、具体的には、有価証券の取引等における不正行為の禁止（金商法第157条）、風説の流布等の禁止（同法第158条）及び相場操縦行為等の禁止（同法第159条）に相当する規制を課すことが考えられるとの方向性が示された（11頁、12頁）。

　他方、いわゆるインサイダー取引規制（金商法第166条）に相当する規制に関して、研究会報告書では、多くの暗号資産には発行者が存在せず、存在する場合であっても特定に困難な面があり得ること、暗号資産の価格の変動要因についての確立した見解がない中で、取引判断に著しい影響を及ぼす未公表の重要事実をあらかじめ特定することには困難な面があることから、現時点で、法令上禁止すべき行為を明確に定めることは困難であると指摘された[注2]（12頁、13頁）。

（注1）　研究会報告書では、まずは、暗号資産交換業者に対し、不公正な行為の有無についての取引審査等を求めることが適当とされており（12頁）、この点は暗号資産交換業者に関する内閣府令（現在の仮想通貨交換業者に関する内閣府令。以下同じ。）の改正の際に実態を踏まえて検討する予定である。

（注2）　研究会報告書では、暗号資産交換業者に対し、前掲（注1）の取引審査に加え、自己が取り扱う暗号資産に関して有する未公表情報の適切な管理や当該情報に基づき自己又は他人の利益を図る目的で取引を行うことの禁止を求めることが適当とされており（13頁）、この点は暗号資産交換業者に関する内閣府令の改正の際に実態を踏まえて検討する予定である。

(2) 規制の概要

　この方向性を踏まえ、改正金商法は、第6章の3「暗号資産の取引等に関する規制」を新設し、暗号資産の取引に関し、いわゆる「何人も」規制として、不正行為の禁止、風説の流布等の禁止及び相場操縦行為等の禁止（改正金商法第185条の22～第185条の24）を規定している（いわゆるインサイダー取引規制に相当する規制は設けられていない）。これらの規制は、暗号資産の売買や他の暗号資産との交換^(注1)に加え、暗号資産デリバティブ取引をも対象としているが、これは、双方の取引が密接に関連しており、これらをまたぐような不公正行為に対応するため一体として規制を設けることが望ましいことが考慮されたものである。これに伴い、暗号資産デリバティブ取引については、規制の重複を排除するため、同法第157条から第159条までの適用が除外されている（同法第185条の22第2項、第185条の23第2項、第185条の24第3項）。

　規制内容を概観すると、第一に、暗号資産の売買その他の取引又は暗号資産関連デリバティブ取引等^(注2)に関して、①不正の手段、計画若しくは技巧、②重要な事項についての虚偽表示等を使用した財産取得、又は③暗号資産の売買等の誘引目的での虚偽相場の利用が禁止される（改正金商法第185条の22第1項）。第二に、当該取引等のため、又は暗号資産等^(注3)の相場の変動を図る目的をもって行われる、①風説の流布、②偽計、又は③暴行若しくは脅迫が禁止される（同法第185条の23第1項）。第三に、①暗号資産の売買、暗号資産関連市場デリバティブ取引^(注4)又は暗号資産関連店頭デリバティブ取引^(注5)（以下「暗号資産売買等」と総称する）の状況に関し他人に誤解を生じさせる目的をもって行われる、仮装取引（同法第185条の24第1項第1号～第3号）、馴合取引（同項第4号～第8号）、又はこれらの行為の受託等・委託等（同項第9号）が禁止され、また、②暗号資産売買等のうちいずれかの取引を誘引する目的をもって行われる、繁盛取引若しくは変動取引（同条第2項第1号）、変動操作に関する情報流布（同項第2号）、又は暗号資産売買等の虚偽等表示（同項第3号）が禁止される。

　これらの規制に違反した者に対する制裁として、新たに罰則（10年以下の懲役若しくは1,000万円以下の罰金又はその併科）が設けられているが（改

正金商法第197条第1項第6号。なお、同条第2項第2号）、課徴金の対象とは
されていない。

（注1）　条文上は、「暗号資産の売買」と規定しているが、改正金商法第2条の2に基
　　　づく政令において、暗号資産を当該売買に係る金銭とみなすことを予定しており、
　　　これにより他の暗号資産との交換も規制対象となる。

（注2）　暗号資産又は暗号資産関連金融指標に係るデリバティブ取引等をいう。

（注3）　暗号資産若しくは暗号資産関連オプション又はデリバティブ取引に係る暗号
　　　資産関連金融指標をいう。

（注4）　暗号資産又は暗号資産関連金融指標に係る市場デリバティブ取引をいう。

（注5）　暗号資産又は暗号資産関連金融指標に係る店頭デリバティブ取引をいう。

4　経過措置

　前述の暗号資産管理業務（Ⅰ2(2)）と同様の経過措置を設けている。すな
わち、改正前の金商法では金融商品取引業に該当しないが、改正金商法に
おいて新たに金融商品取引業に該当することとなった行為^(注)について、施
行日から6ヶ月間（当該期間内に登録の申請等をした場合には、登録又はその
拒否の処分までの間）は、登録を受けなくとも同法上の金融商品取引業者と
みなして当該業務を継続できることとしている（改正法附則第10条第1項・
第2項本文・第3項前段）。こうした事業者が登録を得ることなく行うこと
ができる業務の範囲が、改正法の施行の際現に行っている業務の顧客のた
めに、同法の施行の際現に取り扱っている有価証券及びデリバティブ取引
と同じ種類のものについての行為に限定されている点も同様である。また、
経過措置の適用を受けるためには施行日から2週間以内に届け出なければ
ならないこと（同法附則第11条）、施行日から1年6ヶ月を経過するまでの
時限措置である点も同様である（同法附則第10条第2項ただし書）。

　また、改正法により追加される金融商品取引業者の変更登録事項に該当
する行為（改正金商法第29条の2第1項第8号・第9号）を、改正法の施行前
に業として行っている金融商品取引業者については、施行日において当該
事項の変更をしようとするものとみなして、変更登録に関する規定（同法
第31条第4項）を適用する（すなわち、あらかじめ変更登録を受けることが義
務付けられる）こととしつつ、上記と同様、施行時点の顧客や行為に限定し

た形で、施行日から 6 ヶ月間は変更登録を要しない旨の経過規定を置いている（改正法附則第 12 条）。

> （注）　具体的には、改正金商法第 2 条の 2 により「金銭」や「売買」等の概念が拡張されることにより新たに金融商品取引業となる行為（例えば暗号資産を対価とする有価証券の売買）や、暗号資産関連デリバティブ取引等に係る行為（改正金商法第 29 条の 2 第 1 項第 9 号参照）がこれに該当する。

5　犯則調査における電磁的記録に係る証拠収集手続等の導入

　金商法のその他の主な改正事項として、情報通信技術の進展を踏まえ、刑事訴訟法等を参考に、犯則調査における電磁的記録（以下「データ」という）に係る証拠収集手続等を導入した。その概要は次のとおりである。

①　記録命令付差押え

　　データの保管者等に命じて、必要なデータを記録媒体に記録又は印刷させ、当該記録媒体を差し押さえることができることとした（改正金商法第 211 条第 1 項本文）。

②　電気通信回線で接続している記録媒体からの複写

　　差し押さえるべき物件が電子計算機である場合、外部サーバ等に保管されているデータ（当該電子計算機で作成されたデータ等に限る）を当該電子計算機等に複写して、当該電子計算機等を差し押さえることができることとした（同条第 2 項）。

③　通信履歴の保全要請

　　差押え等のため必要があるときは、プロバイダ等に対し、通信履歴を一定期間消去しないよう要請できることとした（同法第 211 条の 3 第 1 項前段）。

④　データに係る記録媒体の差押えの執行方法

　　差し押さえるべき物件がデータに係る記録媒体であるときは、その差押えに代えて、データを他の記録媒体に複写等した上、当該他の記録媒体を差し押さえることができることとした（同法第 211 条の 4 第 1 号）。

⑤　差押え等を受ける者に対する協力要請

　　差し押さえる物件等がデータに係る記録媒体であるときは、差押え等を受ける者に必要な協力を要請できることとした（同法第215条の2）。

⑥　鑑定等の嘱託

　　鑑定等を嘱託することができ、鑑定にあたって物件を破壊することができることとした（同法第222条の3第1項・第2項）。

　なお、改正金商法では、一種業者及び投資運用業者の付随業務として、顧客に関する情報をその同意を得て第三者に提供する業務等が追加されている（改正金商法第35条第1項第16号）が、その点はⅢで解説する。

Ⅲ 銀行法等^(注1)に係る改正の概要

1　背景

　近年、情報通信技術の飛躍的な発展等を背景に情報・データの利活用^(注2)が社会的に進展し、一般事業会社やフィンテック事業者を中心に、従来は存在しなかった利便性の高いサービスが出現しつつある。

　こうした動きは、利用者利便の向上やイノベーションの促進の観点から基本的には望ましいものと考えられる。情報・データの利活用は今日の経済社会において広く一般的に行われるようになっており、一般事業会社、フィンテック事業者、伝統的な金融機関のいずれの主体であれ、それに取り組んでいくことは自然な流れとなっている。

　こうした中、業務範囲に関して厳格な制限（業務範囲規制）が存在する、銀行その他の預金取扱金融機関、一種業者・投資運用業者、保険会社の本体やそれらのグループ会社（子会社・兄弟会社）についても、現行の業務範囲規制の趣旨を踏まえることは前提として、こうした社会全体の変化に適切に対応していく環境を整備する必要がある^(注3)。

（注1）　金商法、保険業法、農業協同組合法、水産業協同組合法、中小企業等協同組合法、信用金庫法、長期信用銀行法、労働金庫法、農林中央金庫法。

（注2）　ここでは、①顧客等から情報・データを取得し、②それを保管・分析し、③自身の業務に活用したり、（第三者の業務に活用するため）第三者に提供したりする、といった一連の行為・業務のことをいう。

（注3）　金融審議会　金融制度スタディ・グループ「金融機関による情報の利活用に係る制度整備についての報告」（平成31年1月16日）（https://www.fsa.go.jp/singi/singi_kinyu/tosin/20190116.html）。

2　現行制度

(1)　本体

現行制度の下でも、銀行その他の預金取扱金融機関、一種業者・投資運

用業者、保険会社の本体は、それぞれ自身の業務に活用するため、情報の取得、保管・分析を行っている。

　他方、それらの金融機関が、自身以外（第三者）の業務に活用するために情報の取得、保管・分析を行うことについては、仮にそれが（例えば地域の一般事業会社の経営改善支援を通じた）本業の高度化（金融機能の強化）や、（いわゆる「情報銀行業務」のように）利用者利便の向上に資するものであったとしても、業務範囲規制において情報の第三者提供の位置付けが明確化されていないことから、慎重にならざるを得ないと考えられる。

(2) 子会社・兄弟会社

　本体について業務範囲規制が存在する金融機関の中には、グループ会社（子会社・兄弟会社）についても業務範囲規制が存在するものがある。

　銀行その他の預金取扱金融機関の一部、一種業者・投資運用業者は、現行制度の下でも、例えば、銀行業高度化等会社の枠組み等により、情報・データの利活用に関する業務を幅広く行う会社を子会社とすることが可能[注1]である。

　他方、保険会社は、銀行その他の預金取扱金融機関と同様に子会社の範囲に関して厳格な制限が存在する中、銀行業高度化等会社に相当する会社を子会社とすることが認められていない。従って、保険会社に限っては、情報・データの利活用に関する業務を幅広く行う会社を子会社とすることはできない。

　なお、現行制度の下でも、銀行その他の預金取扱金融機関の一部、一種業者・投資運用業者、保険会社は、情報・データの利活用に関する業務を幅広く営む会社を兄弟会社とすることが可能[注2]である。

（注1）　銀行その他の預金取扱金融機関の一部の場合には銀行業高度化等会社の枠組み（銀行法第10条の2第1項第12号の3）等を用いることで可能となる。また、一種業者・投資運用業者については、そもそも子会社の範囲に関する制限が存在しない。

（注2）　銀行その他の預金取扱金融機関の一部の場合には銀行業高度化等会社の枠組み（銀行法第52条の23第1項第11号の3）等を用いることで、保険会社の場合にはその持株会社が内閣総理大臣の承認を受ける（保険業法第271条の22第1項・第

3項）ことで、それぞれ可能となる。また、一種業者・投資運用業者については、そもそも兄弟会社の範囲に関する制限が存在しない。

3 対応

(1) 金融機関の業務への「保有情報の第三者提供業務」の追加

銀行その他の預金取扱金融機関の一部、一種業者・投資運用業者、保険会社の本体の業務に、保有情報の第三者提供業務を追加することとした。

その際、例えば銀行については、その業務範囲規制・他業禁止に、①他業リスクの排除、②利益相反取引の防止、③優越的地位の濫用の防止、といった趣旨が存在することを踏まえ、今回の改正においては（保有情報の第三者提供業務を幅広く本体に認めるのではなく）銀行業と関係がある範囲に限定して認める^(注)こととした。具体的には、保有情報を第三者に提供する業務のうち銀行業の高度化又は利用者利便の向上に資するものを、付随業務として規定している。一種業者・投資運用業者や保険会社についても、同じ趣旨の考え方を採っている。

なお、金融機関が個人情報を取り扱うにあたり、個人情報保護法令の適用を受ける点は、今回の改正後も変わることはない。

一般に、情報・データの利活用は、（情報の）取得、保管・分析、業務への活用といったプロセスが有機的に連鎖していると考えられる。金融機関本体が、（自身の業務に加え）第三者の業務への活用のために情報の取得、保管・分析を行うこととなれば、当該金融機関本体が情報・データの利活用を行うインセンティブが増し、結果として自身の業務への活用も一層促進されるものと期待される。

(注) 銀行業との関係を何ら見出すことのできない保有情報の第三者提供業務（例えば、音楽・娯楽動画の配信サイトの運営）は認められない。

(2) 保険会社の子会社対象会社への「保険業高度化等会社」の追加等

保険会社の子会社対象会社に、銀行業高度化等会社に相当する会社（「保険業高度化等会社」）を追加することとした。

Ⅳ　一括清算法^(注1)に係る改正の概要

1　改正の経緯

(1)　店頭デリバティブ取引における証拠金規制の導入

　平成20年9月のリーマン・ブラザーズ破綻に端を発する金融危機を受け、金融機関の連鎖破綻等による金融システムや経済への混乱・悪影響（システミック・リスク）を抑制し、店頭デリバティブ取引の清算集中を促進することを目的として、店頭デリバティブ取引に係る証拠金規制の導入が国際的に合意され、平成28年9月に我が国においても同規制が導入された。

　同規制の枠組みにおいて、担保として授受した当初証拠金^(注2)（Initial Margin。以下「IM」という）については、相手方の破綻時に即時に担保権の実行が可能な様態で（以下「即時利用要件」という）分別管理することが求められている。

（注1）　本書では便宜上、金融機関等が行う特定金融取引の一括清算に関する法律を「一括清算法」と、改正法による改正後の一括清算法を「改正一括清算法」と称する。

（注2）　当初証拠金とは、非清算店頭デリバティブ取引について将来発生し得る費用又は損失の合理的な見積額に対応して預託される証拠金をいう（金融商品取引業等に関する内閣府令第123条第1項第21の11号柱書）。

(2)　証拠金規制と会社更生法との関係

　担保権設定者が破綻し、破産法・民事再生法が適用される場合には、担保権者に裁判手続外で担保を処分する権利（別除権）が認められているが、会社更生法が適用される場合には、裁判手続外で担保を処分できず、担保権の実行が制限されるリスク（以下「会社更生法リスク」という）が存在するとの指摘があった。

　このため、これまで国内取引に係るIMの差入れについては、IMを担保権者にあらかじめ移転させる「所有権移転構成」（消費貸借構成）で行われ

てきた。他方、海外の金融機関と行うクロスボーダー取引に係る IM の差入れについては、IM を担保権者に移転させない「担保権構成」（質権構成）の形態が市場慣行となっているところ、クロスボーダー取引を行っていた日本の金融機関が破綻し、当該金融機関に会社更生法が適用された場合、「担保権構成」で授受された IM は更生計画に従った弁済手続の対象となり、迅速かつ円滑に担保権の実行ができず、即時利用要件を充足しないおそれがあった。

(3) IM 義務対象者の拡大

現状の IM 義務対象者は、取引規模が極めて大きい金融機関に限られており、破綻状態等に陥ったとしても、預金保険法上の秩序ある破綻処理が適用されることが想定されるため、IM に係る会社更生法リスクは現実に想定されていなかったが、令和 2 年 9 月以降は IM 義務対象者が地銀・保険会社等にまで大幅に拡大されることから（IM ビッグバン）[注]、上記懸念を解消する必要性が更に高まった。

(注) 令和元年 7 月 23 日、BCBS・IOSCO は IM の最終フェーズの実施を 1 年延長する合意をした。これにより、我が国においても、IM ビッグバンの時期が変更された。

2 改正の内容

上記を踏まえ、改正一括清算法は、店頭デリバティブ取引を行う金融機関等に更生手続開始の申立てがあった場合であっても、更生手続開始決定前の段階で店頭デリバティブ取引に係る担保財産も含めて一括して清算されること等を規定している。

担保権者が担保財産を処分する方法としては、帰属清算方式[注1]と処分清算方式[注2]があるが、改正一括清算法第 4 条第 1 項から第 3 項は帰属清算方式を、同条第 4 項は処分清算方式を念頭に置いた規定となっている。

具体的には、帰属清算方式の場合、一括清算の約定をした基本契約書に基づき取引を行っていた金融機関等に更生手続開始の申立てがあった場合であっても、当該取引に係る担保財産は、更生手続開始の申立て時に担保

権者に帰属することを規定した（改正一括清算法第4条第1項）上で、被担保債権の額を超えて担保財産が担保権者に帰属した場合にその超過した部分に相当する額の清算金を支払うこと（同条第2項）や被担保債権の額から担保権者に帰属した担保財産の評価額を控除すること（同条第3項）を規定している。

　他方、処分清算方式の場合、一括清算の約定をした基本契約書に基づき取引を行っていた金融機関等に更生手続開始の申立てがあった場合であっても、更生手続開始決定前に当該取引に係る担保財産を第三者に譲渡した場合には、当該担保財産は、譲渡時に当該第三者に帰属することを規定し、改正一括清算法第4条第2項及び第3項についても準用している（同条第4項）。

（注1）　担保権者が担保財産を取得するとともに、担保財産を適正に評価し、評価額と債権額の差額を担保権設定者に交付（返還）する方式。

（注2）　担保権者が担保財産を第三者に処分し、その売却代金をもって債権の弁済に充てるとともに、残額を担保権設定者に交付（返還）する方式。

第3部

逐条解説編

第1条　資金決済に関する法律の一部改正

第1章　総則

第2条（定義）

第5項

改　正　後	改　正　前
5　この法律において「暗号資産」とは、次に掲げるものをいう。ただし、金融商品取引法（昭和二十三年法律第二十五号）第二条第三項に規定する電子記録移転権利を表示するものを除く。 一・二　（略）	5　この法律において「仮想通貨」とは、次に掲げるものをいう。 一・二　（略）

　本項では、「仮想通貨」の用語を「暗号資産」に改めることとしている。

　最近では、G20サミット[注]などの国際的な議論の場において、"crypto asset"（暗号資産）との表現が用いられており、また、現行の資金決済法において仮想通貨交換業者に対して法定通貨との誤認防止のための説明義務を課しているが「仮想通貨」の呼称はなお法定通貨との誤認を生みやすいとの指摘もあることを踏まえ、用語を変更することとしたものである。本項以下、上述の趣旨を踏まえ、例えば、「仮想通貨交換業」の用語を「暗号資産交換業」に改めるなどの改正を行っている。

　また、本項ただし書では、暗号資産の定義から電子記録移転権利を表示するものを除くこととしている。これは、電子記録移転権利を表示する暗号資産について、資金決済法と金商法が重複して適用されることのないようにするものである。

　（注）　例えば、G20ブエノスアイレス・サミット（2018年11月30日〜12月1日）の首脳宣言においても、"crypto-asset"との表現が用いられている。

第7項

改　正　後	改　正　前
7　この法律において「暗号資産交換業」とは、次に掲げる行為のいずれかを業として行うことをいい、「暗号資産の交換等」とは、第一号及び第二号に掲げる行為をいい、「暗号資産の管理」とは、第四号に掲げる行為をいう。 一　暗号資産の売買又は他の暗号資産との交換 二　（略） 三　その行う前二号に掲げる行為に関して、利用者の金銭の管理をすること。 四　他人のために暗号資産の管理をすること（当該管理を業として行うことにつき他の法律に特別の規定のある場合を除く。）。	7　この法律において「仮想通貨交換業」とは、次に掲げる行為のいずれかを業として行うことをいい、「仮想通貨の交換等」とは、第一号及び第二号に掲げる行為をいう。 一　仮想通貨の売買又は他の仮想通貨との交換 二　（略） 三　その行う前二号に掲げる行為に関して、利用者の金銭又は仮想通貨の管理をすること。 （新設）

　本項第4号では、暗号資産の売買・交換やそれらの媒介・取次ぎ・代理（以下「暗号資産の売買等」という）は行わないが、利用者の暗号資産を管理し、利用者の指図に基づき利用者が指定する先に暗号資産を移転させる業務（以下「暗号資産管理業務」という）を暗号資産交換業の業務類型に加えるとともに、他の法律の特別の規定により行う暗号資産の管理を暗号資産交換業の範囲から除くこととしている。

　暗号資産の売買等を伴わない暗号資産管理業務は、現行の資金決済法を前提にすると暗号資産交換業に該当しないと解されるが、サイバー攻撃により利用者の暗号資産が流出するリスクやマネーロンダリング・テロ資金供与リスクといった点において暗号資産交換業と共通のリスクがあると考えられるほか、平成30年10月には、暗号資産管理業務を提供する事業者をマネーロンダリング・テロ資金供与規制の対象とするよう求める勧告がFATFにおいて採択されたことを踏まえ、暗号資産管理業務を資金決済法の規制対象とすることとしたものである。

　上記のほか、規定中の「仮想通貨交換業」の用語を「暗号資産交換業」に、「仮想通貨の交換等」の用語を「暗号資産の交換等」に、「仮想通貨」の用語を「暗号資産」に改めている。

第 3 章の 2　暗号資産

第 1 節　総則

第 63 条の 5　（登録の拒否）

第 1 項

改　正　後	改　正　前
第六十三条の五　内閣総理大臣は、登録申請者が次の各号のいずれかに該当するとき、又は登録申請書若しくはその添付書類のうちに重要な事項について虚偽の記載があり、若しくは重要な事実の記載が欠けているときは、その登録を拒否しなければならない。	第六十三条の五　内閣総理大臣は、登録申請者が次の各号のいずれかに該当するとき、又は登録申請書若しくはその添付書類のうちに重要な事項について虚偽の記載があり、若しくは重要な事実の記載が欠けているときは、その登録を拒否しなければならない。
一～五　（略）	一～五　（略）
六　暗号資産交換業者をその会員（第八十七条第二号に規定する会員をいう。）とする認定資金決済事業者協会に加入しない法人であって、当該認定資金決済事業者協会の定款その他の規則（暗号資産交換業の利用者の保護又は暗号資産交換業の適正かつ確実な遂行に関するものに限る。）に準ずる内容の社内規則を作成していないもの又は当該社内規則を遵守するための体制を整備していないもの	（新設）
七～八　（略）	六～七　（略）
九　この法律、金融商品取引法若しくは出資の受入れ、預り金及び金利等の取締りに関する法律又はこれらに相当する外国の法令の規定に違反し、罰金の刑（これに相当する外国の法令による刑を含む。）に処せられ、その刑の執行を終わり、又はその刑の執行を受けることがなくなっ	八　この法律若しくは出資の受入れ、預り金及び金利等の取締りに関する法律又はこれらに相当する外国の法令の規定に違反し、罰金の刑（これに相当する外国の法令による刑を含む。）に処せられ、その刑の執行を終わり、又はその刑の執行を受けることがなくなった日から五年を経過し

た日から五年を経過しない法人	ない法人
十　（略）	九　（略）
十一　取締役若しくは監査役又は会計参与（**外国暗号資産交換業者**にあっては、国内における代表者を含む。以下この章において「取締役等」という。）のうちに次のいずれかに該当する者のある法人	十　取締役若しくは監査役又は会計参与（**外国仮想通貨交換業者**にあっては、国内における代表者を含む。以下この章において「取締役等」という。）のうちに次のいずれかに該当する者のある法人
イ～ハ　（略）	イ～ハ　（略）
ニ　この法律、<u>金融商品取引法</u>、出資の受入れ、預り金及び金利等の取締りに関する法律若しくは暴力団員による不当な行為の防止等に関する法律又はこれらに相当する外国の法令の規定に違反し、罰金の刑（これに相当する外国の法令による刑を含む。）に処せられ、その刑の執行を終わり、又はその刑の執行を受けることがなくなった日から五年を経過しない者	ニ　この法律、出資の受入れ、預り金及び金利等の取締りに関する法律若しくは暴力団員による不当な行為の防止等に関する法律又はこれらに相当する外国の法令の規定に違反し、罰金の刑（これに相当する外国の法令による刑を含む。）に処せられ、その刑の執行を終わり、又はその刑の執行を受けることがなくなった日から五年を経過しない者
ホ　（略）	ホ　（略）

(1)　第6号（新設）

　本号では、暗号資産交換業者をその会員とする認定資金決済事業者協会（以下「認定協会」という）に加入せず、認定協会の自主規制に準ずる内容の社内規則を作成していない法人又は作成した当該社内規則を遵守するための体制を整備していない法人であることを、暗号資産交換業の登録拒否事由として定めている。

　暗号資産の分野では、技術革新により事業者の提供するサービス内容等が急速に変化する可能性があり、暗号資産交換業の適正かつ確実な遂行を確保していくためには、法令対応と環境変化に応じて機動的な対応を行い得る認定協会の自主規制との連携が重要であるため、登録拒否事由を新設することとしたものである。

　なお、本号の新設に伴い、本号以降、号番号を繰り下げる形式的な修正を行っている。

(2)　第9号

　本号では、金商法又はこれに相当する外国の法令の規定に違反し、罰金の刑に処せられ、その刑の執行を終わり、又はその刑の執行を受けることがなくなった日から5年を経過しない者等に該当することを、暗号資産交換業の登録拒否事由として定めている。

　これは、今般の改正により、暗号資産の売買その他の取引に係る不公正な行為に関する規制や暗号資産を原資産とするデリバティブ取引に関する規制が金商法に規定されることに鑑み、同法も暗号資産交換業に関連する法律になると考えられることから、対象となる法令中に同法を追加することとしたものである。

(3)　第11号

　本号ニでは、第9号と同様に、暗号資産交換業に関連する法律として金商法を追加している。

第63条の6　(変更の届出)

第1項　新設

改　　正　　後
第六十三条の六　暗号資産交換業者は、第六十三条の三第一項第七号又は第八号に掲げる事項のいずれかを変更しようとするとき（暗号資産交換業の利用者の保護に欠け、又は暗号資産交換業の適正かつ確実な遂行に支障を及ぼすおそれが少ない場合として内閣府令で定める場合を除く。）は、あらかじめ、その旨を内閣総理大臣に届け出なければならない。

　本項では、暗号資産交換業者が、取り扱う暗号資産の名称又は暗号資産交換業の内容及び方法を変更しようとする場合には、あらかじめ、その旨を内閣総理大臣に届け出なければならないことを規定している。ただし、これらの事項に係る変更のうち、利用者の保護に欠け、又は暗号資産交換業の適正かつ確実な遂行に支障を及ぼすおそれが少ない場合として内閣府令で定める場合は除くこととしている。

　暗号資産の設計・仕様は様々であり、移転記録が公開されず、マネーロ

ンダリング等に利用されるおそれが高い追跡困難なものや、移転記録の維
持・更新に脆弱性を有するものなどの存在が知られてきており、暗号資産
交換業者が新たに取り扱おうとする暗号資産が問題のあるものでないか、
適切な体制が整備されているかなどを当局が事前に把握できる枠組みとす
ることが望ましいと考えられる。

　そのため、登録申請書記載事項のうち、取り扱う暗号資産の名称の変更
並びに暗号資産交換業の内容及び方法の変更を事前届出の対象とし、必要
に応じて認定協会とも連携しつつ、柔軟かつ機動的な対応を行い得ること
としたものである。

第2項

改　正　後	改　正　前
2　暗号資産交換業者は、第六十三条の三第一項各号に掲げる事項のいずれかに変更があったとき（前項の規定による届出をした場合を除く。）は、遅滞なく、その旨を内閣総理大臣に届け出なければならない。	仮想通貨交換業者は、第六十三条の三第一項各号に掲げる事項のいずれかに変更があったときは、遅滞なく、その旨を内閣総理大臣に届け出なければならない。

　本項では、新設した本条第1項の規定により暗号資産交換業者が事前届
出をしている場合、本項による事後届出の対象とならないこととしている。

　これは、本条第1項の規定による事前届出が行われている場合、改めて
本項に基づく事後届出を行わせる必要がないため、かかる場合には本項が
適用されないことを明示するものである。

　上記のほか、本条第1項の新設に伴う形式的な修正を行っている。

第3項

改　正　後	改　正　前
3　内閣総理大臣は、前二項の規定による届出を受理したときは、届出があった事項を暗号資産交換業者登録簿に登	2　内閣総理大臣は、前項の規定による届出を受理したときは、届出があった事項を仮想通貨交換業者登録簿に登録

録しなければならない。	しなければならない。

　本項では、本条第1項の新設に伴う形式的な修正を行っているほか、規定中の「仮想通貨交換業者登録簿」の用語を「暗号資産交換業者登録簿」に改めている。

第2節　業務

第63条の9の2（暗号資産交換業の広告）　新設

改　　正　　後
第六十三条の九の二　暗号資産交換業者は、その行う暗号資産交換業に関して広告をするときは、内閣府令で定めるところにより、次に掲げる事項を表示しなければならない。 一　暗号資産交換業者の商号 二　暗号資産交換業者である旨及びその登録番号 三　暗号資産は本邦通貨又は外国通貨ではないこと。 四　暗号資産の性質であって、利用者の判断に影響を及ぼすこととなる重要なものとして内閣府令で定めるもの

　本条では、暗号資産交換業者がその行う暗号資産交換業に関して広告をするときは、内閣府令で定めるところにより、本条各号に規定する事項を表示しなければならないことを規定している。

　これは、昨今、暗号資産交換業者による積極的な広告等により、暗号資産の値上がり益を期待した投機的な取引が助長されており、また、そうした取引を行う利用者の中には暗号資産のリスクについて認識が不十分な者も存在するとの指摘がなされていることから、暗号資産交換業者に対し、暗号資産交換業に関する広告において本条各号に規定する事項を表示する義務を課すこととしたものである。

第63条の9の3（禁止行為）　新設

改　　正　　後
第六十三条の九の三　暗号資産交換業者又はその役員若しくは使用人は、次に掲げる行為をしてはならない。 　一　暗号資産交換業の利用者を相手方として第二条第七項各号に掲げる行為を行うことを内容とする契約の締結又はその勧誘（第三号において「暗号資産交換契約の締結等」という。）をするに際し、虚偽の表示をし、又は暗号資産の性質その他内閣府令で定める事項（次号において「暗号資産の性質等」という。）についてその相手方を誤認させるような表示をする行為 　二　その行う暗号資産交換業に関して広告をするに際し、虚偽の表示をし、又は暗号資産の性質等について人を誤認させるような表示をする行為 　三　暗号資産交換契約の締結等をするに際し、又はその行う暗号資産交換業に関して広告をするに際し、支払手段として利用する目的ではなく、専ら利益を図る目的で暗号資産の売買又は他の暗号資産との交換を行うことを助長するような表示をする行為 　四　前三号に掲げるもののほか、暗号資産交換業の利用者の保護に欠け、又は暗号資産交換業の適正かつ確実な遂行に支障を及ぼすおそれがあるものとして内閣府令で定める行為

　本条では、暗号資産交換業者又はその役員若しくは使用人が本条各号に規定する行為を行ってはならないことを規定している。

　前述（第63条の9の2の解説）のとおり、暗号資産交換業者による積極的な広告等により、暗号資産の値上がり益を期待した投機的な取引の助長や、暗号資産のリスクについて認識が不十分な利用者の存在といった問題が指摘されていることを踏まえ、利用者によるリスクの誤認防止や適切な業務遂行を確保する観点から、契約の締結・勧誘や広告をするに際して、虚偽の表示、暗号資産の性質等[注]について人を誤認させるような表示、専ら利益を図る目的で暗号資産の売買・交換を行うことを助長するような表示を禁止することとしたものである。

　そのほか、本条では、暗号資産交換業の利用者の保護に欠け、又は暗号資産交換業の適正かつ確実な遂行に支障を及ぼすおそれがあるものとして内閣府令で定める行為についても禁止することとしている。

（注）　「暗号資産の性質等」とは、暗号資産の性質その他内閣府令で定める事項をいう。

第63条の10（利用者の保護等に関する措置）

第1項

改　正　後	改　正　前
第六十三条の十　暗号資産交換業者は、内閣府令で定めるところにより、暗号資産の性質に関する説明、手数料その他の暗号資産交換業に係る契約の内容についての情報の提供その他の暗号資産交換業の利用者の保護を図り、及び暗号資産交換業の適正かつ確実な遂行を確保するために必要な措置を講じなければならない。	第六十三条の十　仮想通貨交換業者は、内閣府令で定めるところにより、その取り扱う仮想通貨と本邦通貨又は外国通貨との誤認を防止するための説明、手数料その他の仮想通貨交換業に係る契約の内容についての情報の提供その他の仮想通貨交換業の利用者の保護を図り、及び仮想通貨交換業の適正かつ確実な遂行を確保するために必要な措置を講じなければならない。

　本項では、暗号資産交換業者が利用者の保護等のため講じなければならない措置の例示として、暗号資産の性質に関する説明を追加する改正を行っている。

　これは、暗号資産交換業者がその利用者に対して暗号資産の性質に関する説明を行わなければならないことを明示するものであって、新設した第63条の9の3の規定により暗号資産の性質について誤認を生じさせるような表示等が禁止されることと表裏の関係にあるものである。なお、改正前の仮想通貨と本邦通貨又は外国通貨との誤認を防止するための説明は、改正後の暗号資産の性質に関する説明に包含されることとなる。

　上記のほか、規定中の「仮想通貨交換業者」の用語を「暗号資産交換業者」に、「仮想通貨交換業」の用語を「暗号資産交換業」に改めている。

第2項　新設

改　正　後
2　暗号資産交換業者は、暗号資産交換業の利用者に信用を供与して暗号資産の交換

> 等を行う場合には、前項に規定する措置のほか、内閣府令で定めるところにより、当該暗号資産の交換等に係る契約の内容についての情報の提供その他の当該暗号資産の交換等に係る業務の利用者の保護を図り、及び当該業務の適正かつ確実な遂行を確保するために必要な措置を講じなければならない。

　本項では、暗号資産交換業者が信用を供与して暗号資産の交換等（以下「信用取引」という）を行う場合、本条第1項により求められる措置に加えて、利用者保護・暗号資産交換業の適正かつ確実な遂行の観点から、内閣府令で定めるところにより、信用取引に係る契約の内容についての情報提供など必要な措置を講じなければならないことを規定している。

　これは、暗号資産交換業者は本条第1項の規定により既に利用者保護等の観点から一定の措置を講じることが求められているが、信用取引を行う場合にあっては、信用取引に特有のリスクに応じた措置も必要になると考えられることから、当該措置を追加的に講じなければならないこととしたものである。

第63条の11（利用者財産の管理）

第1項　新設

改　　正　　後
第六十三条の十一　暗号資産交換業者は、その行う暗号資産交換業に関して、暗号資産交換業の利用者の金銭を、自己の金銭と分別して管理し、内閣府令で定めるところにより、信託会社等に信託しなければならない。

　本項では、暗号資産交換業者が利用者から受託した金銭（以下「受託金銭」という）は、自己の金銭と分別して管理した上で、内閣府令で定めるところにより、信託会社等に信託しなければならないことを規定している。

　現状、暗号資産交換業者は、受託金銭を分別管理する場合には、銀行等への預貯金又は信託銀行等への金銭信託のいずれかの方法により管理しなければならないこととされている（仮想通貨交換業者に関する内閣府令第20条第1項）。

　他方、暗号資産交換業者が管理する受託金銭の管理額は、仮想通貨交換業に対する規制を導入した当時に比べ、その金額が高額になりつつあり、

流用の防止や破綻時の利用者保護を図ることが一層重要になっていると考えられることから、受託金銭については信託会社等への信託の方法により管理しなければならないこととしたものである。

第 2 項

改　正　後	改　正　前
2　暗号資産交換業者は、その行う暗号資産交換業に関して、内閣府令で定めるところにより、暗号資産交換業の利用者の暗号資産を自己の暗号資産と分別して管理しなければならない。この場合において、当該暗号資産交換業者は、利用者の暗号資産（利用者の利便の確保及び暗号資産交換業の円滑な遂行を図るために必要なものとして内閣府令で定める要件に該当するものを除く。）を利用者の保護に欠けるおそれが少ないものとして内閣府令で定める方法で管理しなければならない。	仮想通貨交換業者は、その行う仮想通貨交換業に関して、内閣府令で定めるところにより、仮想通貨交換業の利用者の金銭又は仮想通貨を自己の金銭又は仮想通貨と分別して管理しなければならない。

　本項では、暗号資産交換業者が利用者から受託した暗号資産（以下「受託暗号資産」という）は、自己の暗号資産と分別して管理した上で、利用者の利便の確保及び暗号資産交換業の円滑な遂行を図るために必要なものとして内閣府令で定める要件に該当するものを除き、利用者の保護に欠けるおそれが少ない方法（以下「安全性の高い方法」という）で管理しなければならないことを規定している。

　近時、複数の暗号資産交換業者において暗号資産の流出事案が発生したところ、これらの流出事案では、いずれも、受託暗号資産を移転するために必要な秘密鍵がいわゆるホットウォレット^(注)で管理されていたと指摘されていることを踏まえ、暗号資産交換業者に対し、受託暗号資産は、原則として、安全性の高い方法で管理しなければならないこととしたものである。

　ただし、利用者からの移転指図に迅速に対応するためなど、安全性の高

い方法以外の方法で管理することが必要となる場合も考えられることから、利用者の利便を確保し、暗号資産交換業の円滑な遂行を図るために必要なものとして内閣府令で定める要件に該当する受託暗号資産に限り、必ずしも安全性の高い方法で管理する必要はないものとしている。

　なお、本項は従来、暗号資産交換業者が管理する受託金銭及び受託暗号資産に係る分別管理義務を定めていたところ、受託金銭については前述のとおり本条第1項を新設して規定することとしたため、本項の対象が受託暗号資産のみとなるよう形式的な修正を行っている。

　上記の改正に加え、本条第1項の新設に伴う形式的な修正を行っているほか、規定中の「仮想通貨交換業者」の用語を「暗号資産交換業者」に、「仮想通貨交換業」の用語を「暗号資産交換業」に、「仮想通貨」の用語を「暗号資産」に改めている。

（注）「ホットウォレット」とは、一般に、外部のネットワークと接続されているウォレットをいう。

第3項

改　正　後	改　正　前
3　暗号資産交換業者は、前二項の規定による管理の状況について、内閣府令で定めるところにより、定期に、公認会計士（公認会計士法（昭和二十三年法律第百三号）第十六条の二第五項に規定する外国公認会計士を含む。第六十三条の十四第三項において同じ。）又は監査法人の監査を受けなければならない。	2　仮想通貨交換業者は、前項の規定による管理の状況について、内閣府令で定めるところにより、定期に、公認会計士（公認会計士法（昭和二十三年法律第百三号）第十六条の二第五項に規定する外国公認会計士を含む。第六十三条の十四第三項において同じ。）又は監査法人の監査を受けなければならない。

　本項では、本条第1項の新設に伴う形式的な修正を行っているほか、規定中の「仮想通貨交換業者」の用語を「暗号資産交換業者」に改めている。

第 63 条の 11 の 2　(履行保証暗号資産)　新設

改　正　後
第六十三条の十一の二　暗号資産交換業者は、前条第二項に規定する内閣府令で定める要件に該当する暗号資産と同じ種類及び数量の暗号資産(以下この項、第六十三条の十九の二第一項及び第百八条第三号において「履行保証暗号資産」という。)を自己の暗号資産として保有し、内閣府令で定めるところにより、履行保証暗号資産以外の自己の暗号資産と分別して管理しなければならない。この場合において、当該暗号資産交換業者は、履行保証暗号資産を利用者の保護に欠けるおそれが少ないものとして内閣府令で定める方法で管理しなければならない。
2　前条第三項の規定は、前項の規定による管理の状況について準用する。

(1)　第1項

　本項では、第 63 条の 11 第 2 項後段の規定により、暗号資産交換業者が、受託暗号資産のうち利用者の利便を確保し、暗号資産交換業の円滑な遂行を図るために必要なものとして内閣府令で定める要件に該当するものを安全性の高い方法以外の方法で管理する場合において、当該受託暗号資産と同じ種類及び数量の暗号資産(以下「履行保証暗号資産」という)を自己の暗号資産として保有し、内閣府令で定めるところにより、履行保証暗号資産以外の自己の暗号資産と分別して管理しなければならないこととし、その管理に当たっては、安全性の高い方法によらなければならないことを規定している。

　暗号資産交換業者においては、利用者からの移転指図に迅速に対応するためなど、安全性の高い方法以外の方法で受託暗号資産を管理することが必要となる場合も考えられることから、第 63 条の 11 第 2 項後段において、利用者の利便を確保し、暗号資産交換業の円滑な遂行を図るために必要なものとして内閣府令で定める要件に該当するものに限り、安全性の高い方法以外の方法による管理を許容しているところである。

　もっとも、安全性の高い方法以外の方法を採用することにより生じる流出リスクについても適切な対応を求める必要があると考えられることから、暗号資産交換業者に対し、履行保証暗号資産を自己の固有財産として別途保有し、それ以外の自己の暗号資産と分別して、かつ、安全性の高い方法で管理しなければならないこととしたものである。

(2)　**第2項**

　本項では、履行保証暗号資産の分別管理状況について、第63条の11第3項の規定を準用し、公認会計士等の監査を受けなければならないことを規定している。

　暗号資産交換業者は、第63条の11第3項の規定により、利用者の財産を自己の財産と分別して管理し、当該管理の状況について、公認会計士等の監査を受けなければならないこととされている。

　本条第1項の規定に基づき暗号資産交換業者が自己の固有財産として保有する履行保証暗号資産についても、流出事案発生時における利用者に対する弁済原資となり得ることを踏まえると、暗号資産交換業者の他の財産と分別し適切に管理される必要があることから、その分別管理状況について、利用者の財産の分別管理状況と同様に、公認会計士等の監査を受けなければならないこととしたものである。

第4節　雑則

第63条の19の2　（対象暗号資産の弁済）　新設

改　　正　　後
第六十三条の十九の二　暗号資産交換業者との間で当該暗号資産交換業者が暗号資産の管理を行うことを内容とする契約を締結した者は、当該暗号資産交換業者に対して有する暗号資産の移転を目的とする債権に関し、対象暗号資産（当該暗号資産交換業者が第六十三条の十一第二項の規定により自己の暗号資産と分別して管理するその暗号資産交換業の利用者の暗号資産及び履行保証暗号資産をいう。）について、他の債権者に先立ち弁済を受ける権利を有する。
2　民法（明治二十九年法律第八十九号）第三百三十三条の規定は、前項の権利について準用する。
3　第一項の権利の実行に関し必要な事項は、政令で定める。

(1)　**第1項**

　本項では、暗号資産交換業者との間で暗号資産の管理を内容とする契約を締結した利用者が、暗号資産交換業者に対して有する暗号資産の移転を目的とする債権に関し、受託暗号資産及び履行保証暗号資産について、他

の債権者に先立ち弁済を受ける権利を有することを規定している。

　現行の資金決済法上、暗号資産交換業者は、受託暗号資産を自己の暗号資産と明確に区分し、かつ、どの利用者の暗号資産であるかが直ちに判別できる状態で管理することとされている。もっとも、こうした分別管理が適切に行われていたとしても、暗号資産の私法上の位置付けが明確でなく、暗号資産交換業者の破綻時に利用者が受託暗号資産について自己の財産であると主張できるかどうかは定かでないことから、暗号資産交換業者に対して暗号資産の移転を目的とする債権を有する利用者が、受託暗号資産及び履行保証暗号資産について、他の債権者に先立ち弁済を受ける権利を有することを規定することとしたものである。

(2)　第 2 項

　本項では、本条第 1 項に規定する権利について民法第 333 条の規定を準用することを規定している。

　本条第 1 項に規定する権利は受託暗号資産及び履行保証暗号資産を対象とするものであるところ、一般に、暗号資産は、決済手段として転々流通する可能性があるため、利用者の指図によってこれらの暗号資産の全部又は一部が第三者に移転し、流通しているような場合にまで当該権利の対抗を認めることは、暗号資産の決済手段としての利用を害するおそれがあると考えられる。そのため、民法第 333 条を準用し、受託暗号資産又は履行保証暗号資産が第三者に移転している場合にはその権利を対抗できないこととしたものである。

(3)　第 3 項

　本項では、本条第 1 項に規定する権利の実行に関し必要な事項を政令で定めることを規定している。

　本条第 1 項に規定する権利は、暗号資産の移転を目的とする債権に関し、私法上の位置付けが明確でない受託暗号資産及び履行保証暗号資産を対象とするものであって、従来の金融法制や担保法制において、同様の権利を規定するものは見当たらない。そのため、当該権利の実行に関し必要な事

項を、暗号資産交換業の実態や私法上の整理の進捗等を踏まえ、必要に応じて迅速に対応できるようにする観点から、政令で定められることとしたものである。

第 63 条の 19 の 3 （対象暗号資産の弁済への協力）　新設

改　　正　　後
第六十三条の十九の三　暗号資産交換業者から暗号資産の管理の委託を受けた者その他の当該暗号資産交換業者の関係者は、当該暗号資産交換業者がその行う暗号資産交換業に関し管理する利用者の暗号資産に係る前条第一項の権利の実行に関し内閣総理大臣から必要な協力を求められた場合には、これに応ずるよう努めるものとする。

　本条では、暗号資産交換業者から暗号資産の管理の委託を受けた者その他の関係者に対し、第 63 条の 19 の 2 第 1 項に規定する権利の実行に関して内閣総理大臣から必要な協力を求められた場合には、これに応ずるよう努めなければならないことを規定している。

　第 63 条の 19 の 2 第 1 項に規定する権利の実行に際しては、例えば、債権者の確認や当該権利の目的となる受託暗号資産及び履行保証暗号資産の数量等の確認が必要不可欠であり、業務委託先やシステムベンダー等、暗号資産交換業者から暗号資産の管理について委託を受けた者その他の関係者の協力が必要となる場合もあると考えられるため、これらの者に対し、権利の実行に関して内閣総理大臣から必要な協力を求められた場合には、これに応ずるよう努めなければならないこととしたものである。

第8章　罰則

第108条

改　正　後	改　正　前
第百八条　次の各号のいずれかに該当する者は、二年以下の懲役若しくは三百万円以下の罰金に処し、又はこれを併科する。	第百八条　次の各号のいずれかに該当する者は、二年以下の懲役若しくは三百万円以下の罰金に処し、又はこれを併科する。
一　（略）	一　（略）
二　<u>第六十三条の十一第一項の規定に違反して利用者の金銭を自己の金銭と分別して管理せず、若しくは信託しなかった者又は同条第二項前段の規定に違反して利用者の暗号資産を自己の暗号資産と分別して管理しなかった者</u>	二　<u>第六十三条の十一第一項の規定に違反した者</u>
三　<u>第六十三条の十一の二第一項前段の規定に違反して、履行保証暗号資産を保有せず、又は履行保証暗号資産を履行保証暗号資産以外の自己の暗号資産と分別して管理しなかった者</u>	（新設）
四　第六十三条の十七第一項の規定による<u>暗号資産交換業</u>の全部又は一部の停止の命令に違反した者	三　第六十三条の十七第一項の規定による<u>仮想通貨交換業</u>の全部又は一部の停止の命令に違反した者
<u>五・六</u>　（略）	<u>四・五</u>　（略）

(1)　第2号

　本号では、今般の改正において第63条の11第1項を新設したことに伴い、同項又は同条第2項の違反行為のうち、本条柱書に定める罰則の対象となる具体的な行為類型を明示する修正を行っている。

(2)　第3号

　本号では、今般の改正において第63条の11の2第1項を新設したことに伴い、同項前段に規定する履行保証暗号資産の保有又は分別管理義務に

違反した者に対し、本条柱書に定める罰則を科すことを規定している。

(3)　第4号

　第3号の新設に伴う形式的な修正を行っているほか、規定中の「仮想通貨交換業」の用語を「暗号資産交換業」に改めている。

(4)　第5号及び第6号

　第3号の新設に伴い、形式的な修正を行っている。

第109条

改　　正　　後	改　　正　　前
第百九条　次の各号のいずれかに該当する者は、一年以下の懲役若しくは三百万円以下の罰金に処し、又はこれを併科する。 一～七　（略） 八　第六十三条の九の三の規定に違反して、同条第一号に掲げる行為をした者 九　（略）	第百九条　次の各号のいずれかに該当する者は、一年以下の懲役若しくは三百万円以下の罰金に処し、又はこれを併科する。 一～七　（略） （新設） 八　（略）

(1)　第8号

　本号では、今般の改正において新設した第63条の9の3第1号の規定（暗号資産交換契約の締結等における虚偽表示等の禁止）に違反した者に対し、本条柱書に定める罰則を科すことを規定している。

(2)　第9号

　第8号の新設に伴い、形式的な修正を行っている。

第 112 条

改　正　後	改　正　前
第百十二条　次の各号のいずれかに該当する者は、六月以下の懲役若しくは五十万円以下の罰金に処し、又はこれを併科する。 一～八　（略） 九　第六十三条の九の二に規定する事項を表示しなかった者 十　第六十三条の九の三の規定に違反して、同条第二号又は第三号に掲げる行為をした者 十一・十二　（略）	第百十二条　次の各号のいずれかに該当する者は、六月以下の懲役若しくは五十万円以下の罰金に処し、又はこれを併科する。 一～八　（略） （新設） （新設） 九・十　（略）

(1) **第 9 号**

　本号では、今般の改正において新設した第 63 条の 9 の 2 の規定（暗号資産交換業の広告における表示義務）に違反した者に対し、本条柱書に定める罰則を科すことを規定している。

(2) **第 10 号**

　本号では、今般の改正において新設した第 63 条の 9 の 3 第 2 号又は第 3 号の規定（暗号資産交換業の広告における虚偽表示等の禁止、広告・勧誘等における専ら利益を図る目的での取引を助長するような表示の禁止）に違反した者に対し、本条柱書に定める罰則を科すことを規定している。

(3) **第 11 号及び第 12 号**

　第 9 号及び第 10 号の新設に伴い、形式的な修正を行っている。

第114条

改　正　後	改　正　前
第百十四条　次の各号のいずれかに該当する者は、三十万円以下の罰金に処する。 　一　第五条第三項、第十一条第一項、第四十一条第一項若しくは第六十三条の六第一項若しくは第二項の規定による届出をせず、又は虚偽の届出をした者 　二～十　（略）	第百十四条　次の各号のいずれかに該当する者は、三十万円以下の罰金に処する。 　一　第五条第三項、第十一条第一項、第四十一条第一項若しくは第六十三条の六第一項の規定による届出をせず、又は虚偽の届出をした者 　二～十　（略）

　本条第1号では、今般の改正において新設した第63条の6第1項に規定する事前届出義務に違反した者に対し、本条柱書に定める罰則を科すことを規定している。

第115条

第1項

改　正　後	改　正　前
第百十五条　法人（人格のない社団又は財団であって代表者又は管理人の定めのあるものを含む。以下この項において同じ。）の代表者若しくは管理人又は法人若しくは人の代理人、使用人その他の従業者が、その法人又は人の業務に関し、次の各号に掲げる規定の違反行為をしたときは、その行為者を罰するほか、その法人に対して当該各号に定める罰金刑を、その人に対して各本条の罰金刑を科する。 　一　第百八条（第六号を除く。）　三億円以下の罰金刑 　二　（略） 　三　第百十条又は第百十二条（第一号、第二号及び第九号から第十二号まで	第百十五条　法人（人格のない社団又は財団であって代表者又は管理人の定めのあるものを含む。以下この項において同じ。）の代表者若しくは管理人又は法人若しくは人の代理人、使用人その他の従業者が、その法人又は人の業務に関し、次の各号に掲げる規定の違反行為をしたときは、その行為者を罰するほか、その法人に対して当該各号に定める罰金刑を、その人に対して各本条の罰金刑を科する。 　一　第百八条（第五号を除く。）　三億円以下の罰金刑 　二　（略） 　三　第百十条又は第百十二条（第一号、第二号、第九号及び第十号を除く。）

を除く。）　一億円以下の罰金刑	一億円以下の罰金刑
四　第百七条、第百八条第六号、第百九条第一号、第百十二条第一号、第二号若しくは第九号から第十二号まで、第百十三条又は前条　各本条の罰金刑	四　第百七条、第百八条第五号、第百九条第一号、第百十二条第一号、第二号、第九号若しくは第十号、第百十三条又は前条　各本条の罰金刑

　本条は、法人の代表者若しくは管理人又は法人若しくは人の代理人、使用人その他の従業者が、その法人又は人の業務に関し、本条各号に掲げる規定の違反行為をした場合において、その行為者を罰するほかに、その法人に対して当該各号に定める罰金刑を、その人に対して各本条の罰金刑を科すことを定めるものである。

　本条では、今般の改正により新設した第 108 条第 3 号の違反行為については本条第 1 号に、第 109 条第 8 号の違反行為については本条第 2 号に、第 112 条第 9 号、第 10 号、第 114 条第 1 号（第 63 条の 6 第 1 項に係る部分）の違反行為については本条第 4 号に、それぞれ該当することとなるよう規定している。

⑴　第 1 号

　本号では、第 108 条第 3 号の新設に伴い、形式的な修正を行っている。

⑵　第 3 号及び第 4 号

　各本号では、第 112 条第 9 号及び第 10 号の新設に伴い、これらの違反行為について本条第 4 号に該当させるため、形式的な修正を行っているほか、第 4 号では第 108 条第 3 号の新設に伴う形式的な修正を行っている。

第2条　金融商品取引法の一部改正

第1章　総則

第2条（定義）

第3項

改　正　後	改　正　前
3　この法律において、「有価証券の募集」とは、新たに発行される有価証券の取得の申込みの勧誘（これに類するものとして内閣府令で定めるもの（次項において「取得勧誘類似行為」という。）を含む。以下「取得勧誘」という。）のうち、当該取得勧誘が第一項各号に掲げる有価証券又は前項の規定により有価証券とみなされる有価証券表示権利、特定電子記録債権若しくは同項各号に掲げる権利（電子情報処理組織を用いて移転することができる財産的価値（電子機器その他の物に電子的方法により記録されるものに限る。）に表示される場合（流通性その他の事情を勘案して内閣府令で定める場合を除く。）に限る。以下「電子記録移転権利」という。）（次項及び第六項、第二条の三第四項及び第五項並びに第二十三条の十三第四項において「第一項有価証券」という。）に係るものである場合にあつては第一号及び第二号に掲げる場合、当該取得勧誘が前項の規定により有価証券とみなされる同項各号に掲げる権利（電子記録移転権利を除く。次項、第二条の三第四項及び第五項並びに第二十三条の十三第四項において「第二項	3　この法律において、「有価証券の募集」とは、新たに発行される有価証券の取得の申込みの勧誘（これに類するものとして内閣府令で定めるもの（次項において「取得勧誘類似行為」という。）を含む。以下「取得勧誘」という。）のうち、当該取得勧誘が第一項に掲げる有価証券又は前項の規定により有価証券とみなされる有価証券表示権利若しくは特定電子記録債権（次項及び第六項、次条第四項及び第五項並びに第二十三条の十三第四項において「第一項有価証券」という。）に係るものである場合にあつては第一号及び第二号に掲げる場合、当該取得勧誘が前項の規定により有価証券とみなされる同項各号に掲げる権利（次項、次条第四項及び第五項並びに第二十三条の十三第四項において「第二項有価証券」という。）に係るものである場合にあつては第三号に掲げる場合に該当するものをいい、「有価証券の私募」とは、取得勧誘であつて有価証券の募集に該当しないものをいう。

有価証券」という。）に係るものである場合にあつては第三号に掲げる場合に該当するものをいい、「有価証券の私募」とは、取得勧誘であつて有価証券の募集に該当しないものをいう。 一～三　（略）	一～三　（略）

　本条第2項により有価証券とみなされる同項各号に掲げる権利のうち、電子的方法によって事実上流通し得るものを「電子記録移転権利」と定義した上で、第二項有価証券の範囲から除外し、第一項有価証券の範囲に追加することとしている。

　ブロックチェーン技術をはじめとする分散型台帳技術の登場や発達を契機として、何らかの権利を分散型台帳技術を用いて電子的に表象したもの（実務上、これを「トークン」と呼ぶことがある）を販売する手法（いわゆるICO：Initial Coin Offering）が見られるようになった。その結果、これまで第二項有価証券に分類されてきた本条第2項各号に掲げる権利（集団投資スキーム持分等）についても、当該技術に代表される電子的な方法によって、事実上多くの投資家間で流通する可能性が生じたことに対応するものである。

　なお、流通性その他の事情を勘案して内閣府令で定めるものを、電子記録移転権利から除外し得ることとしている。

第8項

改　正　後	改　正　前
8　この法律において「金融商品取引業」とは、次に掲げる行為（その内容等を勘案し、投資者の保護のため支障を生ずることがないと認められるものとして政令で定めるもの及び銀行、優先出資法第二条第一項に規定する協同組織金融機関（以下「協同組織金融機関」という。）その他政令で定める金融機関が	8　この法律において「金融商品取引業」とは、次に掲げる行為（その内容等を勘案し、投資者の保護のため支障を生ずることがないと認められるものとして政令で定めるもの及び銀行、優先出資法第二条第一項に規定する協同組織金融機関（以下「協同組織金融機関」という。）その他政令で定める金融機関が

行う第十二号、第十四号、第十五号又は第二十八条第八項各号に掲げるものを除く。）のいずれかを業として行うことをいう。

一～十五 （略）

十六 その行う第一号から第十号までに掲げる行為に関して、顧客から金銭、第一項各号に掲げる証券若しくは証書又は電子記録移転権利の預託を受けること（商品関連市場デリバティブ取引についての第二号、第三号又は第五号に掲げる行為を行う場合にあつては、これらの行為に関して、顧客から商品（第二十四項第三号の三に掲げるものをいう。以下この号において同じ。）又は寄託された商品に関して発行された証券若しくは証書の預託を受けることを含む。）。

十七・十八 （略）

行う第十二号、第十四号、第十五号又は第二十八条第八項各号に掲げるものを除く。）のいずれかを業として行うことをいう。

一～十五 （略）

十六 その行う第一号から第十号までに掲げる行為に関して、顧客から金銭又は第一項各号に掲げる証券若しくは証書の預託を受けること（商品関連市場デリバティブ取引についての第二号、第三号又は第五号に掲げる行為を行う場合にあつては、これらの行為に関して、顧客から商品（第二十四項第三号の二に掲げるものをいう。以下この号において同じ。）又は寄託された商品に関して発行された証券若しくは証書の預託を受けることを含む。）。

十七・十八 （略）

⑴ 第1号・第11号

本条第24項第3号の2が新設されたことに伴い、従前の第3号の2が第3号の3に繰り下げられたことによる形式的な修正を行っている。

⑵ 第16号

有価証券の売買等に関連して顧客から電子記録移転権利の預託を受けることを、金融商品取引業の内容に追加することとしている。

また、上記⑴と同様、本条第24項第3号の2が新設されたことに伴い、従前の第3号の2が第3号の3に繰り下げられたことによる形式的な修正を行っている。

第 24 項

改　正　後	改　正　前
24　この法律において「金融商品」とは、次に掲げるものをいう。 　一～三　（略） 　三の二　暗号資産（資金決済に関する法律（平成二十一年法律第五十九号）第二条第五項に規定する暗号資産をいう。以下同じ。） 　三の三　（略） 　四　（略） 　五　第一号、第二号若しくは第三号の二に掲げるもの又は前号に掲げるもののうち内閣府令で定めるものについて、金融商品取引所が、市場デリバティブ取引を円滑化するため、利率、償還期限その他の条件を標準化して設定した標準物	24　この法律において「金融商品」とは、次に掲げるものをいう。 　一～三　（略） 　（新設） 　三の二　（略） 　四　（略） 　五　第一号若しくは第二号に掲げるもの又は前号に掲げるもののうち内閣府令で定めるものについて、金融商品取引所が、市場デリバティブ取引を円滑化するため、利率、償還期限その他の条件を標準化して設定した標準物

(1)　第3号の2

　本号は、デリバティブ取引の原資産となる金融商品に「暗号資産」を追加するものである。

　暗号資産を原資産とする金融派生商品の取引（以下「暗号資産デリバティブ取引」という）は本法上のデリバティブ取引と類似するため、デリバティブ取引の原資産となる金融商品に「暗号資産」を追加し、暗号資産デリバティブ取引についても既存のデリバティブ取引と同様の規制を課すこととした。

(2)　第3号の3

　本項に第3号の2が新設されたことに伴い、従前の第3号の2を第3号の3へと繰り下げる形式的な修正を行っている。

⑶　第5号

暗号資産について設定された標準物を金融商品に追加している。

第2条の2（金銭とみなされるもの）　新設

改　　　正　　　後
第二条の二　暗号資産は、前条第二項第五号の金銭、同条第八項第一号の売買に係る金銭その他政令で定める規定の金銭又は当該規定の取引に係る金銭とみなして、この法律（これに基づく命令を含む。）の規定を適用する。

　暗号資産を、集団投資スキームに出資・拠出される金銭、有価証券の売買に係る金銭その他一定の規定に定められた金銭とみなして、金商法（これに基づく政府令を含む）を適用することとしている。

　集団投資スキーム持分として規制対象となるためには、金銭又はその類似物による出資・拠出が必要とされているが（第2条第2項第5号）、暗号資産をこの金銭とみなすことにより、暗号資産により出資・拠出される場合も同様に規制されることを明確にした。また、電子記録移転権利をはじめとする有価証券の譲渡や譲受けの決済手段として暗号資産が用いられる場合であっても、暗号資産を有価証券の売買（同条第8項第1号）の対価である金銭とみなすことにより、有価証券の売買と同様に規制されることとした。

　このほか、金銭の使用を要件とする金商法の規定のうちどの規定の「金銭」又は「取引に係る金銭」とみなすかの範囲は政令に委任されており、政令では、金銭ではなく暗号資産が用いられたとしてもその適用対象とすることが適当と考えられる規定を具体的に定める予定である。

第2章　企業内容等の開示

第3条（適用除外有価証券）

改　正　後	改　正　前
第三条　この章の規定は、次に掲げる有価証券については、適用しない。 　一・二　（略） 　三　第二条第二項の規定により有価証券とみなされる同項各号に掲げる権利（次に掲げるものを除く。） 　　イ　次に掲げる権利（ロに掲げるものに該当するものを除く。第二十四条第一項において「有価証券投資事業権利等」という。） 　　(1)　第二条第二項第五号に掲げる権利のうち、当該権利に係る出資対象事業（同号に規定する出資対象事業をいう。）が主として有価証券に対する投資を行う事業であるものとして政令で定めるもの 　　(2)　第二条第二項第一号から第四号まで、第六号又は第七号に掲げる権利のうち、(1)に掲げる権利に類する権利として政令で定めるもの 　　(3)　その他政令で定めるもの 　　ロ　電子記録移転権利 　四・五　（略）	第三条　この章の規定は、次に掲げる有価証券については、適用しない。 　一・二　（略） 　三　第二条第二項の規定により有価証券とみなされる同項各号に掲げる権利（次に掲げるもの（第二十四条第一項において「有価証券投資事業権利等」という。）を除く。） 　　イ　第二条第二項第五号に掲げる権利のうち、当該権利に係る出資対象事業（同号に規定する出資対象事業をいう。）が主として有価証券に対する投資を行う事業であるものとして政令で定めるもの 　　ロ　第二条第二項第一号から第四号まで、第六号又は第七号に掲げる権利のうち、イに掲げる権利に類する権利として政令で定めるもの 　　ハ　その他政令で定めるもの 　四・五　（略）

　本条第3号柱書は、第2条第2項の規定により有価証券とみなされる同項各号に掲げる権利（第二項有価証券）には、原則として第2章（企業内容等の開示）の規定を適用しないことを定めている。これらの権利は、有価証券の券面が発行されないことや譲渡性が制限されていること等から、一般的に流通性に乏しく、有価証券の情報を公衆縦覧を通じて広く開示する必要

性が乏しいためである。

　第2条第3項の改正において定義された電子記録移転権利は、第一項有価証券に分類され、同条第1項各号に掲げる証券若しくは証書、又は有価証券表示権利に準ずる流通性を有すると考えられることから（第2条第3項の解説参照）、その情報を公衆縦覧を通じて広く開示する必要があると考えられる。

　このため、電子記録移転権利は、本条第3号に列挙される「第2章の規定が適用されない第2条第2項の規定により有価証券とみなされる同項各号に掲げる権利」から除外し、他の第一項有価証券と同様、第2章の規定の適用を受けることとしている。

第24条（有価証券報告書の提出）
第1項

改　正　後	改　正　前
第二十四条　有価証券の発行者である会社は、その会社が発行者である有価証券（特定有価証券を除く。次の各号を除き、以下この条において同じ。）が次に掲げる有価証券のいずれかに該当する場合には、内閣府令で定めるところにより、事業年度ごとに、当該会社の商号、当該会社の属する企業集団及び当該会社の経理の状況その他事業の内容に関する重要な事項その他の公益又は投資者保護のため必要かつ適当なものとして内閣府令で定める事項を記載した報告書（以下「有価証券報告書」という。）を、内国会社にあつては当該事業年度経過後三月以内（やむを得ない理由により当該期間内に提出できないと認められる場合には、内閣府令で定めるところにより、あらかじめ内閣総理大臣の承認を受けた期間内）、外国会社にあつては公益又は投資者保護のた	第二十四条　有価証券の発行者である会社は、その会社が発行者である有価証券（特定有価証券を除く。次の各号を除き、以下この条において同じ。）が次に掲げる有価証券のいずれかに該当する場合には、内閣府令で定めるところにより、事業年度ごとに、当該会社の商号、当該会社の属する企業集団及び当該会社の経理の状況その他事業の内容に関する重要な事項その他の公益又は投資者保護のため必要かつ適当なものとして内閣府令で定める事項を記載した報告書（以下「有価証券報告書」という。）を、内国会社にあつては当該事業年度経過後三月以内（やむを得ない理由により当該期間内に提出できないと認められる場合には、内閣府令で定めるところにより、あらかじめ内閣総理大臣の承認を受けた期間内）、外国会社にあつては公益又は投資者保護のた

め必要かつ適当なものとして政令で定める期間内に、内閣総理大臣に提出しなければならない。ただし、当該有価証券が第三号に掲げる有価証券（株券その他の政令で定める有価証券に限る。）に該当する場合においてその発行者である会社（報告書提出開始年度（当該有価証券の募集又は売出しにつき第四条第一項本文、第二項本文若しくは第三項本文又は第二十三条の八第一項本文若しくは第二項の規定の適用を受けることとなつた日の属する事業年度をいい、当該報告書提出開始年度が複数あるときは、その直近のものをいう。）終了後五年を経過している場合に該当する会社に限る。）の当該事業年度の末日及び当該事業年度の開始の日前四年以内に開始した事業年度全ての末日における当該有価証券の所有者の数が政令で定めるところにより計算した数に満たない場合であつて有価証券報告書を提出しなくても公益又は投資者保護に欠けることがないものとして内閣府令で定めるところにより内閣総理大臣の承認を受けたとき、当該有価証券が第四号に掲げる有価証券に該当する場合において、その発行者である会社の資本金の額が当該事業年度の末日において五億円未満（当該有価証券が第二条第二項の規定により有価証券とみなされる有価証券投資事業権利等又は電子記録移転権利である場合にあつては、当該会社の資産の額として政令で定めるものの額が当該事業年度の末日において政令で定める額未満）であるとき、及び当該事業年度の末日における当該有価証券の所有者の数が政令で定める数に満たないとき、並びに当

め必要かつ適当なものとして政令で定める期間内に、内閣総理大臣に提出しなければならない。ただし、当該有価証券が第三号に掲げる有価証券（株券その他の政令で定める有価証券に限る。）に該当する場合においてその発行者である会社（報告書提出開始年度（当該有価証券の募集又は売出しにつき第四条第一項本文、第二項本文若しくは第三項本文又は第二十三条の八第一項本文若しくは第二項の規定の適用を受けることとなつた日の属する事業年度をいい、当該報告書提出開始年度が複数あるときは、その直近のものをいう。）終了後五年を経過している場合に該当する会社に限る。）の当該事業年度の末日及び当該事業年度の開始の日前四年以内に開始した事業年度すべての末日における当該有価証券の所有者の数が政令で定めるところにより計算した数に満たない場合であつて有価証券報告書を提出しなくても公益又は投資者保護に欠けることがないものとして内閣府令で定めるところにより内閣総理大臣の承認を受けたとき、当該有価証券が第四号に掲げる有価証券に該当する場合において、その発行者である会社の資本金の額が当該事業年度の末日において五億円未満（当該有価証券が第二条第二項の規定により有価証券とみなされる有価証券投資事業権利等である場合にあつては、当該会社の資産の額として政令で定めるものの額が当該事業年度の末日において政令で定める額未満）であるとき、及び当該事業年度の末日における当該有価証券の所有者の数が政令で定める数に満たないとき、並びに当該有価証券が第三号

該有価証券が第三号又は第四号に掲げる有価証券に該当する場合において有価証券報告書を提出しなくても公益又は投資者保護に欠けることがないものとして政令で定めるところにより内閣総理大臣の承認を受けたときは、この限りでない。

一〜三 （略）

四 当該会社が発行する有価証券（株券、第二条第二項の規定により有価証券とみなされる有価証券投資事業権利等及び電子記録移転権利その他の政令で定める有価証券に限る。）で、当該事業年度又は当該事業年度の開始の日前四年以内に開始した事業年度のいずれかの末日におけるその所有者の数が政令で定める数以上（当該有価証券が同項の規定により有価証券とみなされる有価証券投資事業権利等又は電子記録移転権利である場合にあつては、当該事業年度の末日におけるその所有者の数が政令で定める数以上）であるもの（前三号に掲げるものを除く。）

又は第四号に掲げる有価証券に該当する場合において有価証券報告書を提出しなくても公益又は投資者保護に欠けることがないものとして政令で定めるところにより内閣総理大臣の承認を受けたときは、この限りでない。

一〜三 （略）

四 当該会社が発行する有価証券（株券、第二条第二項の規定により有価証券とみなされる有価証券投資事業権利等その他の政令で定める有価証券に限る。）で、当該事業年度又は当該事業年度の開始の日前四年以内に開始した事業年度のいずれかの末日におけるその所有者の数が政令で定める数以上（当該有価証券が同項の規定により有価証券とみなされる有価証券投資事業権利等である場合にあつては、当該事業年度の末日におけるその所有者の数が政令で定める数以上）であるもの（前三号に掲げるものを除く。）

　本項各号は、発行者に有価証券報告書の提出義務を課す有価証券の範囲を定めている。このうち、本項第4号は、いわゆる外形基準（有価証券届出書を提出していない有価証券であっても、多数の者が所有することになった場合には、有価証券報告書の提出義務を課すもの）であるが、これは、当該有価証券を多数の者が所有することとなれば、所有者間あるいは所有者以外の者への譲渡がやがて市場を形成し、頻繁に取引が行われるようになるため、投資者保護を図る必要があり、こうした規定を置いているものである。

　本項第4号が適用される有価証券として、第5条第1項に規定する特定有価証券（以下「特定有価証券」という）以外の有価証券については株券等（施行令第3条の6第3項）並びに優先出資証券及び学校貸付債権（同令第4

条の 11 第 4 項）が、特定有価証券については有価証券投資事業権利等の一部（同令第 4 条の 2 第 4 項）が指定されているが、電子記録移転権利についても、その高い流通性に鑑みて、その情報を公衆縦覧を通じて広く開示する必要があることから、上述の各有価証券と同様に外形基準を適用することとする。また、電子記録移転権利は、有価証券投資事業権利等と権利の内容が類似する場合もあることから、有価証券投資事業権利等と同内容の外形基準を適用すべきと考えられる。そこで、外形基準の内容を定める本項第 4 号中、有価証券投資事業権利等に関する規定が電子記録移転権利にも適用されるよう改正を行った。

　また、本項ただし書は、有価証券が本項第 4 号に該当する有価証券の場合に限定して、一定の場合に有価証券報告書の提出義務を免除しており、具体的な免除事由を政令に委任している。

　電子記録移転権利は、有価証券報告書の提出義務の免除についても上記の各有価証券と同様に適用することとし、具体的な免除事由は政令に委任することとする。

第3章　金融商品取引業者等

第1節　総則

第1款　通則

第28条
第1項

改　　正　　後	改　　正　　前
第二十八条　この章において「第一種金融商品取引業」とは、金融商品取引業のうち、次に掲げる行為のいずれかを業として行うことをいう。 一　有価証券（第二条第二項の規定により有価証券とみなされる同項各号に掲げる権利（電子記録移転権利を除く。次項第二号及び第六十四条第一項第一号において同じ。）を除く。）についての第二条第八項第一号から第三号まで、第五号、第八号又は第九号に掲げる行為 一の二～五　（略）	第二十八条　この章において「第一種金融商品取引業」とは、金融商品取引業のうち、次に掲げる行為のいずれかを業として行うことをいう。 一　有価証券（第二条第二項の規定により有価証券とみなされる同項各号に掲げる権利を除く。）についての同条第八項第一号から第三号まで、第五号、第八号又は第九号に掲げる行為 一の二～五　（略）

　電子記録移転権利について、その売買等を第一種金融商品取引業の範囲に追加するとともに、いわゆる自己募集・自己私募を除く売買等を第二種金融商品取引業の範囲から除外することとしている（集団投資スキーム持分等の自己募集・自己私募は、引き続き第二種金融商品取引業に該当することとなる）。

　電子記録移転権利は、第2条第2項各号に掲げる権利であっても、電子的な方法によって既存の同条第1項各号に掲げる証券・証書又は有価証券表示権利に準ずる流通性を有する（多数の投資家間に流通し得る）と考えられることから、これを売買等する行為を、第一種金融商品取引業とするものである。

　また、電子記録移転権利の業としての取扱いを第一種金融商品取引業の対象としたことと合わせ、電子記録移転権利を外務員登録制度の対象外となる有価証券の範囲から除外し、その対象とすることとしている。

第 2 款　金融商品取引業者

第 29 条の 2 （登録の申請）

第 1 項

改　　正　　後	改　　正　　前
第二十九条の二　前条の登録を受けようとする者は、次に掲げる事項を記載した登録申請書を内閣総理大臣に提出しなければならない。	第二十九条の二　前条の登録を受けようとする者は、次に掲げる事項を記載した登録申請書を内閣総理大臣に提出しなければならない。
一～七　（略）	一～七　（略）
八　第二条第二項の規定により有価証券とみなされる権利（当該権利に係る記録又は移転の方法その他の事情を勘案し、公益又は投資者保護のため特に必要なものとして内閣府令で定めるものに限る。）又は当該権利若しくは金融指標（当該権利の価格及び利率等並びにこれらに基づいて算出した数値に限る。）に係るデリバティブ取引についての次に掲げる行為を業として行う場合にあつては、その旨	（新設）
イ　当該権利についての第二条第八項第一号から第十号までに掲げる行為又は当該デリバティブ取引についての同項第一号から第五号までに掲げる行為	
ロ　第二条第八項第十二号、第十四号又は第十五号に掲げる行為	
九　暗号資産又は金融指標（暗号資産の価格及び利率等並びにこれらに基	（新設）

づいて算出した数値に限る。）に係る デリバティブ取引についての次に掲 げる行為を業として行う場合にあつ ては、その旨 　イ　第二条第八項第一号から第五号 　　までに掲げる行為 　ロ　第二条第八項第十二号、第十四 　　号又は第十五号に掲げる行為 十～十二　（略）	八～十　（略）

　本項は、金融商品取引業の登録申請書の記載事項を各号に列記するものである。

(1)　第8号

　第2条第2項の規定により有価証券とみなされる権利のうち、当該権利に係る記録又は移転の方法その他の事情を勘案し、公益又は投資者保護のため特に必要なものとして内閣府令で定めるものについて、当該権利の売買等又は当該権利若しくは当該権利に係る金融指標についてのデリバティブ取引等を業として行おうとする場合はその旨（本号イ）、当該権利又は当該権利若しくは当該権利に係る金融指標についてのデリバティブ取引に係る権利に対する投資として投資運用業を行おうとする場合はその旨（本号ロ）を、それぞれ登録申請書に記載すべきこととしている。

　有価証券表示権利や電子記録移転権利の記録・移転の仕組みとして、分散型台帳技術等が用いられ得るところ、このようなものについては、振替法のような規律が及ぶ有価証券とは異なり、用いられる仕組みについて法律等の規律が及んでいないため、その取扱いや、これを原資産とするデリバティブ取引の取扱いに当たっては、その記録・移転の方法や、それに由来するリスクに関する十分な知識・経験を要する。このような権利の売買等を行おうとする者にあっては、その金融商品取引業登録の際、当該業務を適確に遂行する人的構成や必要な体制が整備されているかどうかの確認をできるようにする必要があることから（第29条の4第1項第1号ホ・ヘ参照）、本号を置くこととしたものである。

(2) 第9号

　暗号資産又は暗号資産に係る金融指標を原資産とするデリバティブ取引等を業として行おうとする場合はその旨（本号イ）、当該デリバティブ取引に係る権利に対する投資として投資運用業を行おうとする場合はその旨（本号ロ）を、それぞれ登録申請書に記載すべきこととしている。

　当該デリバティブ取引等の原資産である暗号資産は、その価値の裏付けとなる資産等がないため本源的価値を観念し難く、その価格形成のメカニズムは必ずしも明らかとなっておらず、ファンダメンタルズに依拠しない需給の変動により、価格が大きく変動するリスクを抱えている。このような原資産を用いたデリバティブ取引を取り扱おうとする者にあっては、その登録の際、当該業務を適確に遂行する人的構成や必要な体制が整備されているかどうかの確認をできるようにする必要があることから（第29条の4第1項第1号ホ・ヘ参照）、本号を置くこととしたものである。

第29条の4 （登録の拒否）

第1項

改　正　後	改　正　前
第二十九条の四　内閣総理大臣は、登録申請者が次の各号のいずれかに該当するとき、又は登録申請書若しくはこれに添付すべき書類若しくは電磁的記録のうちに虚偽の記載若しくは記録があり、若しくは重要な事実の記載若しくは記録が欠けているときは、その登録を拒否しなければならない。 一　次のいずれかに該当する者 　イ・ロ　（略） 　ハ　この法律、担保付社債信託法（明治三十八年法律第五十二号）、金融機関の信託業務の兼営等に関する法律（昭和十八年法律第四十三号）、商品先物取引法、投資信託及び投資法人に関する法律、宅地建	第二十九条の四　内閣総理大臣は、登録申請者が次の各号のいずれかに該当するとき、又は登録申請書若しくはこれに添付すべき書類若しくは電磁的記録のうちに虚偽の記載若しくは記録があり、若しくは重要な事実の記載若しくは記録が欠けているときは、その登録を拒否しなければならない。 一　次のいずれかに該当する者 　イ・ロ　（略） 　ハ　この法律、担保付社債信託法（明治三十八年法律第五十二号）、金融機関の信託業務の兼営等に関する法律（昭和十八年法律第四十三号）、商品先物取引法、投資信託及び投資法人に関する法律、宅地建

物取引業法（昭和二十七年法律第百七十六号）、出資の受入れ、預り金及び金利等の取締りに関する法律（昭和二十九年法律第百九十五号）、割賦販売法（昭和三十六年法律第百五十九号）、貸金業法（昭和五十八年法律第三十二号）、特定商品等の預託等取引契約に関する法律（昭和六十一年法律第六十二号）、商品投資に係る事業の規制に関する法律（平成三年法律第六十六号）、不動産特定共同事業法、資産の流動化に関する法律、金融業者の貸付業務のための社債の発行等に関する法律（平成十一年法律第三十二号）、信託業法（平成十六年法律第百五十四号）、資金決済に関する法律その他政令で定める法律又はこれらに相当する外国の法令の規定に違反し、罰金の刑（これに相当する外国の法令による刑を含む。）に処せられ、その刑の執行を終わり、又はその刑の執行を受けることがなくなつた日から五年を経過しない者

二～ヘ　（略）
二・三　（略）
四　第一種金融商品取引業、第二種金融商品取引業又は投資運用業を行おうとする場合にあつては、次のいずれかに該当する者

イ　資本金の額又は出資の総額が、公益又は投資者保護のため必要かつ適当なものとして政令で定める金額に満たない法人
ロ　国内に営業所又は事務所を有しない法人

物取引業法（昭和二十七年法律第百七十六号）、出資の受入れ、預り金及び金利等の取締りに関する法律（昭和二十九年法律第百九十五号）、割賦販売法（昭和三十六年法律第百五十九号）、貸金業法（昭和五十八年法律第三十二号）、特定商品等の預託等取引契約に関する法律（昭和六十一年法律第六十二号）、商品投資に係る事業の規制に関する法律（平成三年法律第六十六号）、不動産特定共同事業法、資産の流動化に関する法律、金融業者の貸付業務のための社債の発行等に関する法律（平成十一年法律第三十二号）、信託業法（平成十六年法律第百五十四号）その他政令で定める法律又はこれらに相当する外国の法令の規定に違反し、罰金の刑（これに相当する外国の法令による刑を含む。）に処せられ、その刑の執行を終わり、又はその刑の執行を受けることがなくなつた日から五年を経過しない者

二～ヘ　（略）
二・三　（略）
四　第一種金融商品取引業、第二種金融商品取引業又は投資運用業を行おうとする場合（個人である場合を除く。）にあつては、次のいずれかに該当する者

イ　資本金の額又は出資の総額が、公益又は投資者保護のため必要かつ適当なものとして政令で定める金額に満たない者
ロ　国内に営業所又は事務所を有しない者

ハ・ニ　（略）	ハ・ニ　（略）
五〜七　（略）	五〜七　（略）

本項は、金融商品取引業の登録が拒否される者について定めている。

(1)　第 1 号ハ

資金決済法に違反し、罰金の刑に処せられ、その刑の執行を終わり、又はその刑の執行を受けることがなくなった日から 5 年を経過しないことを、金融商品取引業の登録拒否事由として定めることとしている。

本号ハは、金融関連法令（金商法を含む）その他列記されている法令に違反し、罰金の刑に処せられた者等について定めているところ、改正法により、暗号資産を原資産とするデリバティブ取引等、資金決済法上の規制対象である暗号資産に関連する規制を金商法に導入することに鑑み、資金決済法に違反し罰金の刑に処せられ一定期間を経過していない者等についても、金融商品取引業の登録を拒否することが適当であることから、対象となる法令中に資金決済法を追加することとしたものである。

(2)　第 4 号

金融商品取引業の登録拒否事由として、登録申請者が行おうとする業務を行う者を主要な会員とする金融商品取引業協会に加入せず、その協会の定款その他の規則に準ずる内容の社内規則を作成していないかその遵守体制を整備していないことを定める本号ニの対象に、個人である登録申請者を加えることとしている。

本号は、第一種金融商品取引業、第二種金融商品取引業又は投資運用業を行おうとする場合の登録拒否事由を定めている。改正前の金商法においては、個人はその対象から除外されており（改正前の金商法第 29 条の 4 第 1 項第 4 号柱書かっこ書き）、これにより第二種金融商品取引業[注]を行おうとする個人が対象に含まれていなかったところ、新たに登録拒否事由の適用対象とするものである。

本号イ及びロの改正は、これに伴う形式的なものである。

（注） 第一種金融商品取引業又は投資運用業は、株式会社でない者は登録を拒否されるため（改正前の金商法第29条の4第1項第5号イ）、個人である登録申請者を考慮することを要しない。

第29条の4の2（第一種少額電子募集取扱業者についての登録等の特例）

第10項

改　正　後	改　正　前
10　第一項、第二項、第五項、第七項及び前項の「第一種少額電子募集取扱業務」とは、電子募集取扱業務（<u>次に掲げる有価証券</u>（金融商品取引所に上場されていないものに限り、政令で定めるものを除く。以下この項において同じ。）の募集の取扱い又は私募の取扱いであつて、当該有価証券の発行価額の総額及び当該有価証券を取得する者が払い込む額が少額であるものとして政令で定める要件を満たすものに限る。以下この項において同じ。）又は電子募集取扱業務に関して顧客から金銭の預託を受けることをいう。 <u>一　第二条第一項第九号に掲げる有価証券</u> <u>二　第二条第二項の規定により有価証券とみなされる同項第五号又は第六号に掲げる権利（電子記録移転権利に該当するものに限る。）</u>	10　第一項、第二項、第五項、第七項及び前項の「第一種少額電子募集取扱業務」とは、電子募集取扱業務（<u>第二条第一項第九号に掲げる</u>有価証券（金融商品取引所に上場されていないものに限り、政令で定めるものを除く。以下この項において同じ。）の募集の取扱い又は私募の取扱いであつて、当該有価証券の発行価額の総額及び当該有価証券を取得する者が払い込む額が少額であるものとして政令で定める要件を満たすものに限る。以下この項において同じ。）又は電子募集取扱業務に関して顧客から金銭の預託を受けることをいう。 （新設） （新設）

　第一種少額電子募集取扱業務（いわゆる株式投資型クラウドファンディングに係る業務）の対象となる有価証券に、第2条第2項第5号・第6号に掲げる権利のうち電子記録移転権利に該当するものを追加することとしている。

　電子記録移転権利は、第2条第2項各号に掲げる権利のうち、電子的な方法により事実上流通し得るものであるところ、そのうち同項第5号・第6号に掲げる権利（いわゆる集団投資スキーム持分及び外国集団投資スキーム持分）は、改正前の金商法では第二種少額電子募集取扱業務の対象であり（改正前の金商法第29条の4の3）、その募集行為は第二種金融商品取引業の特殊類型として扱われていた。改正法により、電子記録移転権利の業としての募集行為が、第二種金融商品取引業ではなく第一種金融商品取引業として扱われることとなることに対応し（第28条第1項第1号）、クラウドファンディングに関してもその区分を変更することとするものである。

第29条の4の3（第二種少額電子募集取扱業者についての登録等の特例）

第4項

改　正　後	改　正　前
4　第一項及び第二項の「第二種少額電子募集取扱業務」とは、電子募集取扱業務のうち、有価証券（第二条第二項の規定により有価証券とみなされる同項第五号又は第六号に掲げる権利（電子記録移転権利に該当するものを除く。）であつて、第三条第三号に掲げるもの又は金融商品取引所に上場されていないものに限り、政令で定めるものを除く。以下この項において同じ。）の募集の取扱い又は私募の取扱いであつて、当該有価証券の発行価額の総額及び当該有価証券を取得する者が払い込む額が少額であるものとして政令で定める要件を満たすものをいう。	4　第一項及び第二項の「第二種少額電子募集取扱業務」とは、電子募集取扱業務のうち、有価証券（第二条第二項の規定により有価証券とみなされる同項第五号又は第六号に掲げる権利であつて、第三条第三号に掲げるもの又は金融商品取引所に上場されていないものに限り、政令で定めるものを除く。以下この項において同じ。）の募集の取扱い又は私募の取扱いであつて、当該有価証券の発行価額の総額及び当該有価証券を取得する者が払い込む額が少額であるものとして政令で定める要件を満たすものをいう。

　前条の改正に伴うものである。

第31条（変更登録等）

　本条は、金融商品取引業者の登録申請書記載事項（第29条の2第1項各号）に関して、その変更があった場合には原則として事後2週間以内の届出義務を（本条第1項）、一部のものについて事前の登録義務を定める（同項かっこ書き・第4項）とともに、登録申請書の添付書類である業務方法書に関しては、記載した業務の内容及び方法に変更がある場合の届出義務を定める（本条第3項）。

第1項

改　正　後	改　正　前
第三十一条　金融商品取引業者は、第二十九条の二第一項各号（第五号、第六号、第七号ロ、第八号及び第九号を除く。）に掲げる事項について変更があつたときは、その日から二週間以内に、その旨を内閣総理大臣に届け出なければならない。	第三十一条　金融商品取引業者は、第二十九条の二第一項各号（第五号、第六号及び第七号ロを除く。）に掲げる事項について変更があつたときは、その日から二週間以内に、その旨を内閣総理大臣に届け出なければならない。

　改正法により登録申請書記載事項として追加される第29条の2第1項第8号及び第9号を、後述のとおり変更登録義務の対象（本条第4項）とすることに伴い、届出義務の対象から除外することとしている。

　登録申請書記載事項として第29条の2第1項第8号及び第9号が追加される趣旨は、各号中の業務を適確に遂行するための人的構成や必要な体制が整備されているかを、その登録審査の際、固有の登録拒否事由として確認することにある。この点は、既に金融商品取引業者としての登録を具備する者がこれらの業務を新たに行おうとする場合も同様であるため、本条第4項において変更登録義務の対象とすることとしたものである。

第3項

改　正　後	改　正　前
3　金融商品取引業者は、第二十九条の二第二項第二号に掲げる書類に記載した業務の内容又は方法のうち、同条第一項第八号又は第九号に規定する行為に係るものであつて公益又は投資者保護のため特に必要なものとして内閣府令で定めるもの（以下この項及び第三十三条の六第三項において「特定業務内容等」という。）について変更をしようとするときはあらかじめ、特定業務内容等以外のものについて変更があつたときは遅滞なく、内閣府令で定めるところにより、その旨を内閣総理大臣に届け出なければならない。	3　金融商品取引業者は、第二十九条の二第二項第二号に掲げる書類に記載した業務の内容又は方法について変更があつたときは、内閣府令で定めるところにより、遅滞なく、その旨を内閣総理大臣に届け出なければならない。

　登録申請書の添付書類である業務方法書（第29条の2第2項第2号）の記載事項である業務の内容及び方法のうち、第29条の2第1項第8号又は第9号に規定する行為に係るものであって公益又は投資者保護のため特に必要なものとして内閣府令で定めるものについて変更をしようとする場合には、事前届出を行わなければならないこととしている。

　金融商品取引業者の取り扱う有価証券やデリバティブ取引の原資産の内容をはじめ、業務の内容及び方法については、登録申請書の記載事項ではなく、登録申請書の添付書類である業務方法書（第29条の2第2項第2号）の記載事項とされている。改正前の金商法においては、業務方法書に記載した業務の内容及び方法について変更がある場合は、遅滞なく届け出なければならないこととされていた。暗号資産については、その設計・仕様はさまざまであり、中には、移転記録が公開されず、マネーロンダリング等に利用されるおそれが高い追跡困難なものや、移転記録の維持・更新に脆弱性を有するもの等の存在も知られてきている。このような特徴を持つ暗号資産がデリバティブ取引の原資産として用いられれば、当該暗号資産の流通を促進することにもつながりかねず、マネーロンダリング等の助長や

投資者が思わぬ損害を被る事態を招くことにもなりかねない。また、これらの事情は、有価証券表示権利や電子記録移転権利のうち、分散型台帳技術等を用いているものについても当てはまるものである。このため、デリバティブ取引の原資産とする暗号資産の種類など、当局が事前に把握することが特に必要なものについて、事前届出の対象とすることができる枠組みを整備したものである。

第4項

改　正　後	改　正　前
4　金融商品取引業者は、第二十九条の二第一項第五号、第六号、第七号ロ、第八号又は第九号に掲げる事項について変更をしようとするときは、内閣府令で定めるところにより、内閣総理大臣の行う変更登録を受けなければならない。	4　金融商品取引業者は、第二十九条の二第一項第五号、第六号又は第七号ロに掲げる事項について変更をしようとするときは、内閣府令で定めるところにより、内閣総理大臣の行う変更登録を受けなければならない。

本条第1項の改正と同趣旨である。

第4款　登録金融機関

第33条（金融機関の有価証券関連業の禁止等）
第2項

改　正　後	改　正　前
2　前項本文の規定は、金融機関が、書面取次ぎ行為（顧客の書面による注文を受けてその計算において有価証券の売買又は有価証券関連デリバティブ取引を行うことをいい、当該注文に関する顧客に対する勧誘に基づき行われるもの及び当該金融機関が行う投資助言業務に関しその顧客から注文を受けて	2　前項本文の規定は、金融機関が、書面取次ぎ行為（顧客の書面による注文を受けてその計算において有価証券の売買又は有価証券関連デリバティブ取引を行うことをいい、当該注文に関する顧客に対する勧誘に基づき行われるもの及び当該金融機関が行う投資助言業務に関しその顧客から注文を受けて

行われるものを除く。次条第一号において同じ。）又は次の各号に掲げる有価証券若しくは取引について、当該各号に定める行為を行う場合には、適用しない。

一　第二条第一項第一号及び第二号に掲げる有価証券、同項第三号に掲げる有価証券（政府が元本の償還及び利息の支払について保証しているもの並びに信用金庫法（昭和二十六年法律第二百三十八号）第五十四条の四第一項に規定する短期債及び農林中央金庫法（平成十三年法律第九十三号）第六十二条の二第一項に規定する短期農林債に限る。）、第二条第一項第四号に掲げる有価証券、同項第五号に掲げる有価証券（政府が元本の償還及び利息の支払について保証しているもの並びに社債、株式等の振替に関する法律第六十六条第一号に規定する短期社債及びこれに類するものとして政令で定めるものに限る。）、第二条第一項第八号に掲げる有価証券、同項第十一号に掲げる有価証券（投資信託及び投資法人に関する法律第百三十九条の十二第一項に規定する短期投資法人債及びこれに類するものとして政令で定めるものに限る。次号において「短期投資法人債等」という。）、第二条第一項第十二号から第十四号までに掲げる有価証券、同項第十五号に掲げる有価証券（発行の日から償還の日までの期間が一年未満のものに限る。）、同項第十六号に掲げる有価証券、同項第十七号に掲げる有価証券のうち政令で定めるもの、同項第十八号に掲げる有価証券、同項第二十

行われるものを除く。次条第一号において同じ。）又は次の各号に掲げる有価証券若しくは取引について、当該各号に定める行為を行う場合には、適用しない。

一　第二条第一項第一号及び第二号に掲げる有価証券、同項第三号に掲げる有価証券（政府が元本の償還及び利息の支払について保証しているもの並びに信用金庫法（昭和二十六年法律第二百三十八号）第五十四条の四第一項に規定する短期債及び農林中央金庫法（平成十三年法律第九十三号）第六十二条の二第一項に規定する短期農林債に限る。）、第二条第一項第四号に掲げる有価証券、同項第五号に掲げる有価証券（政府が元本の償還及び利息の支払について保証しているもの並びに社債、株式等の振替に関する法律第六十六条第一号に規定する短期社債及びこれに類するものとして政令で定めるものに限る。）、第二条第一項第八号に掲げる有価証券、同項第十一号に掲げる有価証券（投資信託及び投資法人に関する法律第百三十九条の十二第一項に規定する短期投資法人債及びこれに類するものとして政令で定めるものに限る。次号において「短期投資法人債等」という。）、第二条第一項第十二号から第十四号までに掲げる有価証券、同項第十五号に掲げる有価証券（発行の日から償還の日までの期間が一年未満のものに限る。）、同項第十六号に掲げる有価証券、同項第十七号に掲げる有価証券のうち政令で定めるもの、同項第十八号に掲げる有価証券、同項第二十

改　正　後	改　正　前
一号に掲げる有価証券のうち政令で定めるもの並びに同条第二項の規定により有価証券とみなされる同項各号に掲げる権利（<u>同項第三号若しくは第四号に掲げる権利又は電子記録移転権利であつて政令で定めるもの</u>を除く。）　同条第八項第一号から第三号まで、第六号、第八号及び第九号に掲げる行為	一号に掲げる有価証券のうち政令で定めるもの並びに同条第二項の規定により有価証券とみなされる同項各号に掲げる権利（<u>第四号の政令で定める権利</u>を除く。）　同条第八項第一号から第三号まで、第六号、第八号及び第九号に掲げる行為
二・三　（略）	二・三　（略）
四　前三号に掲げる有価証券以外の有価証券　次に掲げる行為	四　前三号に掲げる有価証券<u>及び第二条第二項の規定により有価証券とみなされる同項第三号及び第四号に掲げる権利であつて政令で定めるもの</u>　次に掲げる行為
イ・ロ　（略）	イ・ロ　（略）
五・六　（略）	五・六　（略）

⑴　第1号

　金融機関に対して例外的に禁止されない有価証券関連業等の範囲に関し、電子記録移転権利であって政令で定めるものについては、私募の取扱い等、本項第4号に定める限定的な行為のみを許容することとしている。

　一定の電子記録移転権利については、本項第4号の適用対象にすることができるようにしたものである。

⑵　第4号

　本項第1号の改正に伴うものである。

第33条の5　（金融機関の登録の拒否等）
第1項

改　正　後	改　正　前
第三十三条の五　内閣総理大臣は、登録申請者が次の各号のいずれかに該当するとき、又は登録申請書若しくはこれ	第三十三条の五　内閣総理大臣は、登録申請者が次の各号のいずれかに該当するとき、又は登録申請書若しくはこれ

改　正　後	改　正　前
に添付すべき書類若しくは電磁的記録のうちに虚偽の記載若しくは記録があり、若しくは重要な事実の記載若しくは記録が欠けているときは、その登録を拒否しなければならない。 一　（略） 二　この法律、担保付社債信託法、金融機関の信託業務の兼営等に関する法律、商品先物取引法、投資信託及び投資法人に関する法律、宅地建物取引業法、出資の受入れ、預り金及び金利等の取締りに関する法律、割賦販売法、貸金業法、特定商品等の預託等取引契約に関する法律、商品投資に係る事業の規制に関する法律、不動産特定共同事業法、資産の流動化に関する法律、金融業者の貸付業務のための社債の発行等に関する法律、信託業法、<u>資金決済に関する法律</u>その他政令で定める法律又はこれらに相当する外国の法令の規定に違反し、罰金の刑（これに相当する外国の法令による刑を含む。）に処せられ、その刑の執行を終わり、又はその刑の執行を受けることがなくなつた日から五年を経過しない者 三～五　（略）	に添付すべき書類若しくは電磁的記録のうちに虚偽の記載若しくは記録があり、若しくは重要な事実の記載若しくは記録が欠けているときは、その登録を拒否しなければならない。 一　（略） 二　この法律、担保付社債信託法、金融機関の信託業務の兼営等に関する法律、商品先物取引法、投資信託及び投資法人に関する法律、宅地建物取引業法、出資の受入れ、預り金及び金利等の取締りに関する法律、割賦販売法、貸金業法、特定商品等の預託等取引契約に関する法律、商品投資に係る事業の規制に関する法律、不動産特定共同事業法、資産の流動化に関する法律、金融業者の貸付業務のための社債の発行等に関する法律、信託業法その他政令で定める法律又はこれらに相当する外国の法令の規定に違反し、罰金の刑（これに相当する外国の法令による刑を含む。）に処せられ、その刑の執行を終わり、又はその刑の執行を受けることがなくなつた日から五年を経過しない者 三～五　（略）

第29条の4第1項第1号ハの改正と同様の趣旨によるものである。

第33条の6　（変更の届出）
第3項

改　正　後	改　正　前
3　登録金融機関は、第三十三条の三第二項第二号に掲げる書類に記載した業務の内容又は方法<u>のうち、特定業務内</u>	3　登録金融機関は、第三十三条の三第二項第二号に掲げる書類に記載した業務の内容又は方法について変更があつ

改　正　後	改　正　前
容等について変更をしようとするときはあらかじめ、特定業務内容等以外のものについて変更があつたときは遅滞なく、内閣府令で定めるところにより、その旨を内閣総理大臣に届け出なければならない。	たときは、内閣府令で定めるところにより、遅滞なく、その旨を内閣総理大臣に届け出なければならない。

　第31条第3項の改正と同様の趣旨によるものである。

第2節　業務

第1款　通則

第35条（第一種金融商品取引業又は投資運用業を行う者の業務の範囲）

第1項

改　正　後	改　正　前
第三十五条　金融商品取引業者（第一種金融商品取引業又は投資運用業を行う者に限る。以下この条において同じ。）は、金融商品取引業のほか、次に掲げる行為を業として行うことその他の金融商品取引業に付随する業務を行うことができる。 一～十二　（略） 十三　通貨その他デリバティブ取引（有価証券関連デリバティブ取引を除く。）に関連する資産（暗号資産を除く。第十五号及び次項第六号において同じ。）として政令で定めるものの売買又はその媒介、取次ぎ若しくは代理 十四・十五　（略） 十六　顧客から取得した当該顧客に関	第三十五条　金融商品取引業者（第一種金融商品取引業又は投資運用業を行う者に限る。以下この条において同じ。）は、金融商品取引業のほか、次に掲げる行為を業として行うことその他の金融商品取引業に付随する業務を行うことができる。 一～十二　（略） 十三　通貨その他デリバティブ取引（有価証券関連デリバティブ取引を除く。）に関連する資産として政令で定めるものの売買又はその媒介、取次ぎ若しくは代理 十四・十五　（略） （新設）

する情報を当該顧客の同意を得て第三者に提供することその他当該金融商品取引業者の保有する情報を第三者に提供することであつて、当該金融商品取引業者の行う金融商品取引業の高度化又は当該金融商品取引業者の利用者の利便の向上に資するもの（第八号に掲げる行為に該当するものを除く。）	

(1)　第13号

　改正前の金商法においては、第35条第1項は、デリバティブ取引に関連する資産の売買等（第13号）並びに投資信託法上の特定資産及びそのほか政令で定める資産に対する投資運用（第15号）を付随業務として定め、同条第2項第6号において、有価証券又はデリバティブ取引に係る権利以外の資産に対する投資運用を届出業務として定めている。改正法はこれに関し、本項第13号の売買等並びに本項第15号及び本条第2項第6号の投資運用の対象となる資産から暗号資産を除外することで、暗号資産に関する各行為を承認業務に位置付けることとしている。

　暗号資産に関しては、暗号資産の本源的な価値を観念しがたく、価格が大きく変動するリスクがあること等を踏まえ、当局の承認を受けた場合に限りこれを行うことができることとしたものである。

(2)　第16号

　金融商品取引業者（第一種金融商品取引業又は投資運用業を行う者に限る。本(2)において同じ）の付随業務に、顧客から取得した当該顧客に関する情報を当該顧客の同意を得て第三者に提供することその他当該金融商品取引業者の保有する情報を第三者に提供することであって、当該金融商品取引業者の行う金融商品取引業の高度化又は当該金融商品取引業者の利用者の利便の向上に資するもの（本項第8号に掲げる行為（有価証券関連情報の提供等）に該当するものを除く）、を加えることとするものである（詳細は後述の銀行法の解説を参照）。

　なお、金融商品取引業者については、既存の付随業務として「有価証券に関連する情報の提供」（本項第8号）が存在するところ、今回追加する「第16号」に係る業務との関係を明確にするため、重複排除規定を設けることとしている。

第6款　暗号資産関連業務に関する特則

第43条の6　新設

改　　正　　後
第四十三条の六　金融商品取引業者等は、暗号資産関連業務（暗号資産に関する内閣府令で定める金融商品取引行為（次項において「暗号資産関連行為」という。）を業として行うことをいう。同項において同じ。）を行うときは、内閣府令で定めるところにより、暗号資産の性質に関する説明をしなければならない。
2　金融商品取引業者等又はその役員若しくは使用人は、その行う暗号資産関連業務に関して、顧客を相手方とし、又は顧客のために暗号資産関連行為を行うことを内容とする契約の締結又はその勧誘をするに際し、暗号資産の性質その他内閣府令で定める事項についてその顧客を誤認させるような表示をしてはならない。

　暗号資産関連業務を行う金融商品取引業者に対して、暗号資産の性質に関する説明義務を課し（第1項）、勧誘時等に暗号資産の性質等について顧客を誤認させるような表示を禁止する（第2項）こととしている。

　暗号資産については、その価値の裏付けとなる資産等がないため本源的価値を観念し難く、価格形成のメカニズムは必ずしも明らかとなっていないという特性を有することから、合理的な根拠が示されない広告・勧誘が行われやすく、またそのような広告・勧誘が行われた場合に顧客がリスクを誤認するおそれが大きい等の弊害も大きい。そのため、暗号資産交換業者による積極的な広告等により、暗号資産の交換等を行う顧客の中には暗号資産のリスクについての認識が不十分な者や暗号資産の性質等について誤認している者も存在する、又は、値上がり益を期待した投機的な取引が助長されている、との指摘があるところ、暗号資産を原資産とするデリバティブ取引等、暗号資産に関する金融商品取引行為を行う顧客についても、上記のような暗号資産の現物取引と共通の課題が存在し得る。

　こうした状況を踏まえ、顧客に対するリスクの誤認防止や金融商品取引業者の適切な業務遂行を確保する観点から、本条を追加するものである。

　なお、「暗号資産関連業務」の範囲や、「暗号資産の性質に関する説明」及び「暗号資産の性質その他……事項」の具体的内容は、いずれも内閣府令に委任されている。

第6節　適格機関投資家等特例業務に関する特例

第63条（適格機関投資家等特例業務）

第11項

改　正　後	改　正　前
11　特例業務届出者が適格機関投資家等特例業務を行う場合においては、当該特例業務届出者を金融商品取引業者とみなして、第一節第五款、第三十六条第一項、第三十六条の三、第三十七条、第三十七条の三、第三十七条の四、第三十八条（第一号、第二号及び第九号に係る部分に限る。）、第三十九条（第四項及び第六項を除く。）、第四十条、第四十条の三、第四十条の三の二、第四十二条、第四十二条の二、第四十二条の四、第四十二条の七、<u>第四十三条の六及び</u>第四十五条並びにこれらの規定に係る第八章及び第八章の二の規定を適用する。	11　特例業務届出者が適格機関投資家等特例業務を行う場合においては、当該特例業務届出者を金融商品取引業者とみなして、第一節第五款、第三十六条第一項、第三十六条の三、第三十七条、第三十七条の三、第三十七条の四、第三十八条（第一号、第二号及び第九号に係る部分に限る。）、第三十九条（第四項及び第六項を除く。）、第四十条、第四十条の三、第四十条の三の二、第四十二条、第四十二条の二、第四十二条の四、第四十二条の七及び第四十五条並びにこれらの規定に係る第八章及び第八章の二の規定を適用する。

　第43条の6の新設に伴う改正である。

第3章の2　金融商品仲介業者

第2節　業務

第66条の15（損失補塡等の禁止等に関する金融商品取引業者等に係る規定の準用）

改　　正　　後	改　　正　　前
第六十六条の十五　第三十八条の二、第三十九条第一項、第三項、第四項及び第七項、第四十条並びに第四十三条の六の規定は金融商品仲介業者について、第三十九条第二項、第五項及び第六項の規定は金融商品仲介業者の顧客について、それぞれ準用する。この場合において、同条第三項中「当該金融商品取引業者等が」とあるのは、「当該金融商品仲介業者の所属金融商品取引業者等が」と読み替えるものとするほか、必要な技術的読替えは、政令で定める。	第六十六条の十五　第三十八条の二、第三十九条第一項、第三項、第四項及び第七項並びに第四十条の規定は金融商品仲介業者について、第三十九条第二項、第五項及び第六項の規定は金融商品仲介業者の顧客について、それぞれ準用する。この場合において、同条第三項中「当該金融商品取引業者等が」とあるのは、「当該金融商品仲介業者の所属金融商品取引業者等が」と読み替えるものとするほか、必要な技術的読替えは、政令で定める。

　第43条の6の新設に伴う改正である。

第6章の3　暗号資産の取引等に関する規制

第185条の22（不正行為の禁止）　新設

改　　正　　後
第百八十五条の二十二　何人も、次に掲げる行為をしてはならない。 　一　暗号資産の売買（デリバティブ取引に該当するものを除く。以下この章及び第百九十七条第二項第二号において同じ。）その他の取引又はデリバティブ取引等（暗号資産又は金融指標（暗号資産の価格及び利率等並びにこれらに基づいて算出した数値に限る。次条第一項及び第百八十五条の二十四第一項において「暗号資産関連金融指標」という。）に係るものに限る。以下この条、次条及び同号において「暗号資産関連デリバティブ取引等」という。）について、不正の手段、計画又は技巧をすること。 　二　暗号資産の売買その他の取引又は暗号資産関連デリバティブ取引等について、重要な事項について虚偽の表示があり、又は誤解を生じさせないために必要な重要な事実の表示が欠けている文書その他の表示を使用して金銭その他の財産を取得すること。 　三　暗号資産の売買その他の取引又は暗号資産関連デリバティブ取引等を誘引する目的をもって、虚偽の相場を利用すること。 2　第百五十七条の規定は、暗号資産関連デリバティブ取引等については、適用しない。

(1)　第1項

　何人も、暗号資産の売買その他の取引又は暗号資産関連デリバティブ取引等に関して、①不正の手段、計画若しくは技巧（第1号）、②重要な事項についての虚偽表示等を使用した財産取得（第2号）、又は③当該取引等の誘引目的での虚偽相場の利用（第3号）をしてはならない旨を規定するものである。

　金商法は、第6章において有価証券の取引等に関する一定の不公正な行為を罰則付きで禁止しており、また、その一部は課徴金の対象とされている（第173条～第175条の2）。これに対し、暗号資産の取引については、研究会報告書において、有価証券の取引等とは経済活動上の意義や重要性が異なることや、有価証券の取引等に係る不公正取引規制の執行に要する行政コストを勘案すれば、現時点で、これと同様の規制を課し、同様の監督・

監視体制を構築する必要性までは認められないと指摘された（11頁）。

　もっとも、暗号資産の取引に関しても、不公正な行為を通じて不当な利得や被害が発生しているとの指摘があることから、これらの行為を抑止するための一定の対応は必要と考えられる。かかる要請を背景に、研究会報告書では、抑止の実効性を確保する観点から、有価証券の取引等における不正行為の禁止（第157条）、風説の流布等の禁止（第158条）及び相場操縦行為等の禁止（第159条）に相当する規制を課すことが考えられるとの方向性が示された（12頁）。

　本項は、かかる方向性を踏まえ、暗号資産の取引に関する不正行為を包括的に禁止する一般規定として設けられたものである。暗号資産の現物取引に加え、暗号資産関連デリバティブ取引等[注]をも対象としているのは、双方の取引が密接に関連しており、これらをまたぐような不公正行為に対応するため一体として規制を設けることが望ましいことが考慮されたためである。本項に違反した者に対しては罰則が科せられるが（第197条第1項第6号）、課徴金の対象とはされていない。

　［注］　暗号資産の価格及び利率等並びにこれらに基づいて算出した数値を「暗号資産関連金融指標」と定義し、暗号資産又は暗号資産関連金融指標に係るデリバティブ取引等（第33条第3項）を「暗号資産関連デリバティブ取引等」と定義している。

(2)　第2項

　第1項が暗号資産関連デリバティブ取引等を対象としていることに伴い、第157条の規制との重複を排除するため、同条の適用を除外する旨を規定するものである。

第185条の23（風説の流布、偽計、暴行又は脅迫の禁止）　新設

改　　正　　後
第百八十五条の二十三　何人も、暗号資産の売買その他の取引若しくは暗号資産関連デリバティブ取引等のため、又は暗号資産等（暗号資産若しくはオプション（暗号資産又は暗号資産関連金融指標に係るものに限る。次条第一項第三号において「暗号資産関連オプション」という。）又はデリバティブ取引に係る暗号資産関連金融指

標をいう。次項、同条第二項第一号及び第二号並びに第百九十七条第二項第二号において同じ。）の相場の変動を図る目的をもつて、風説を流布し、偽計を用い、又は暴行若しくは脅迫をしてはならない。

2　第百五十八条の規定は、暗号資産関連デリバティブ取引等及び暗号資産等については、適用しない。

(1) 第1項

　何人も、暗号資産の売買その他の取引若しくは暗号資産関連デリバティブ取引等のため、又は暗号資産等^(注)の相場の変動を図る目的をもって、①風説の流布、②偽計、又は③暴行若しくは脅迫をしてはならない旨を規定するものである。

　暗号資産の現物取引に加え暗号資産のデリバティブ取引をも対象としていること、違反者に対して罰則が科せられること（第197条第1項第6号）、課徴金の対象とされていないことは第185条の22第1項と同様である。

> （注）　暗号資産又は暗号資産関連金融指標に係るオプションを「暗号資産関連オプション」と定義し、暗号資産若しくは暗号資産関連オプション又はデリバティブ取引に係る暗号資産関連金融指標（第185条の22第1項第1号）を「暗号資産等」と定義している。

(2) 第2項

　第1項が暗号資産関連デリバティブ取引等のため又は暗号資産等の相場の変動を図る目的をもって行われる一定の行為を対象としていることに伴い、第158条の規制との重複を排除するため、同条の適用を除外する旨を規定するものである。

第185条の24（相場操縦行為等の禁止）　新設

改　正　後
第百八十五条の二十四　何人も、暗号資産の売買、市場デリバティブ取引（暗号資産又は暗号資産関連金融指標に係るものに限る。以下この条において「暗号資産関連市場デリバティブ取引」という。）又は店頭デリバティブ取引（暗号資産又は暗号資産関連金融指標に係るものに限る。以下この条において「暗号資産関連店頭デリバ

ティブ取引」という。）のうちいずれかの取引が繁盛に行われていると他人に誤解させる目的その他のこれらの取引の状況に関し他人に誤解を生じさせる目的をもつて、次に掲げる行為をしてはならない。

一　権利の移転を目的としない仮装の暗号資産の売買、暗号資産関連市場デリバティブ取引（第二条第二十一項第一号に掲げる取引に限る。）又は暗号資産関連店頭デリバティブ取引（同条第二十二項第一号に掲げる取引に限る。）をすること。

二　金銭の授受を目的としない仮装の暗号資産関連市場デリバティブ取引（第二条第二十一項第二号、第四号及び第五号に掲げる取引に限る。）又は暗号資産関連店頭デリバティブ取引（同条第二十二項第二号、第五号及び第六号に掲げる取引に限る。）をすること。

三　暗号資産関連オプションの付与又は取得を目的としない仮装の暗号資産関連市場デリバティブ取引（第二条第二十一項第三号に掲げる取引に限る。）又は暗号資産関連店頭デリバティブ取引（同条第二十二項第三号及び第四号に掲げる取引に限る。）をすること。

四　自己のする暗号資産の売付けと同時期に、それと同価格において、他人が当該暗号資産を買い付けることをあらかじめその者と通謀の上、当該売付けをすること。

五　自己のする暗号資産の買付けと同時期に、それと同価格において、他人が当該暗号資産を売り付けることをあらかじめその者と通謀の上、当該買付けをすること。

六　暗号資産関連市場デリバティブ取引（第二条第二十一項第二号に掲げる取引に限る。）又は暗号資産関連店頭デリバティブ取引（同条第二十二項第二号に掲げる取引に限る。）の申込みと同時期に、当該取引の約定数値と同一の約定数値において、他人が当該取引の相手方となることをあらかじめその者と通謀の上、当該取引の申込みをすること。

七　暗号資産関連市場デリバティブ取引（第二条第二十一項第三号に掲げる取引に限る。）又は暗号資産関連店頭デリバティブ取引（同条第二十二項第三号及び第四号に掲げる取引に限る。）の申込みと同時期に、当該取引の対価の額と同一の対価の額において、他人が当該取引の相手方となることをあらかじめその者と通謀の上、当該取引の申込みをすること。

八　暗号資産関連市場デリバティブ取引（第二条第二十一項第四号及び第五号に掲げる取引に限る。）又は暗号資産関連店頭デリバティブ取引（同条第二十二項第五号及び第六号に掲げる取引に限る。）の申込みと同時期に、当該取引の条件と同一の条件において、他人が当該取引の相手方となることをあらかじめその者と通謀の上、当該取引の申込みをすること。

九　前各号に掲げる行為の委託等又は受託等をすること。

2　何人も、暗号資産の売買、暗号資産関連市場デリバティブ取引又は暗号資産関連店頭デリバティブ取引（第一号及び第三号において「暗号資産売買等」という。）の

うちいずれかの取引を誘引する目的をもつて、次に掲げる行為をしてはならない。
　二　暗号資産売買等が繁盛であると誤解させ、又は暗号資産等の相場を変動させるべき一連の暗号資産売買等又はその申込み、委託等若しくは受託等をすること。
　二　暗号資産等の相場が自己又は他人の操作によつて変動するべき旨を流布すること。
　三　暗号資産売買等を行うにつき、重要な事項について虚偽であり、又は誤解を生じさせるべき表示を故意にすること。
　3　第百五十九条の規定は、暗号資産関連市場デリバティブ取引及び暗号資産関連店頭デリバティブ取引並びにこれらの申込み、委託等及び受託等については、適用しない。

(1)　第1項

　何人も、暗号資産の売買、暗号資産関連市場デリバティブ取引又は暗号資産関連店頭デリバティブ取引^(注)の状況に関し他人に誤解を生じさせる目的をもつて、①仮装取引（第1号～第3号）、②馴合取引（第4号～第8号）、又は③これらの行為の委託等・受託等（第9号）をしてはならない旨を規定するものである。

　　(注)　本条では、暗号資産又は暗号資産関連金融指標（第185条の22第1項第1号）に係る市場デリバティブ取引（第2条第21項）を「暗号資産関連市場デリバティブ取引」と、暗号資産又は暗号資産関連金融指標に係る店頭デリバティブ取引（第2条第22項）を「暗号資産関連店頭デリバティブ取引」と、暗号資産の売買、暗号資産関連市場デリバティブ取引又は暗号資産関連店頭デリバティブ取引を総称して「暗号資産売買等」と、それぞれ定義している。なお、「暗号資産の売買」については、第2条の2に基づく政令において、暗号資産を当該売買に係る金銭とみなすことを予定しており、これにより他の暗号資産との交換も対象に含まれることとなる。

(2)　第2項

　何人も、暗号資産売買等のうちいずれかの取引を誘引する目的をもつて、①繁盛取引若しくは変動取引（第1号）、②変動操作に関する情報流布（第2号）、又は③暗号資産売買等の重要事項についての虚偽等表示（第3号）をしてはならない旨を規定するものである。
　第1項及び本項においても、暗号資産の現物取引に加え暗号資産のデリ

バティブ取引をも対象としていること、違反者に対して罰則が科せられること（第 197 条第 1 項第 6 号）、課徴金の対象とされていないことは第 185 条の 22 第 1 項及び第 185 条の 23 第 1 項と同様である。

⑶　第 3 項

　第 1 項及び第 2 項が暗号資産関連市場デリバティブ取引及び暗号資産関連店頭デリバティブ取引並びにこれらの申込み、委託等及び受託等を対象としていることに伴い、第 159 条の規制との重複を排除するため、同条の適用を除外する旨を規定するものである。

第 8 章　罰則

第 197 条

第 1 項

改　正　後	改　正　前
第百九十七条　次の各号のいずれかに該当する者は、十年以下の懲役若しくは千万円以下の罰金に処し、又はこれを併科する。 一～五　（略） <u>六　第百八十五条の二十二第一項、第百八十五条の二十三第一項又は第百八十五条の二十四第一項若しくは第二項の規定に違反した者</u>	第百九十七条　次の各号のいずれかに該当する者は、十年以下の懲役若しくは千万円以下の罰金に処し、又はこれを併科する。 一～五　（略） （新設）

　本項は、各号のいずれかに該当する者に対して、10 年以下の懲役若しくは 1,000 万円以下の罰金に処し、又はこれを併科することを定めるものであるところ、暗号資産の取引等に関する不正行為の禁止（第 185 条の 22 第 1 項）、風説の流布等の禁止（第 185 条の 23 第 1 項）及び相場操縦行為等の禁止（第 185 条の 24 第 1 項・第 2 項）が新設されたことに伴い、有価証券の取引等に関する不公正行為（第 157 条～第 159 条）と同様に、これらに違反した者を本項の罰則の対象に追加するものである。

第 2 項

改　正　後	改　正　前
<u>2　次の各号のいずれかに該当する者は、十年以下の懲役及び三千万円以下の罰金に処する。</u> <u>一　財産上の利益を得る目的で、前項第五号の罪を犯して有価証券等の相場を変動させ、又はくぎ付けし、固定し、若しくは安定させ、当該変動させ、又はくぎ付けし、固定し、若し</u>	2　財産上の利益を得る目的で、前項第五号の罪を犯して有価証券等の相場を変動させ、又はくぎ付けし、固定し、若しくは安定させ、当該変動させ、又はくぎ付けし、固定し、若しくは安定させた相場により当該有価証券等に係る有価証券の売買その他の取引又はデリバティブ取引等を行つた者（当該罪が

くは安定させた相場により当該有価
証券等に係る有価証券の売買その他
の取引又はデリバティブ取引等を行
つた者（当該罪が商品関連市場デリ
バティブ取引のみに係るものである
場合を除く。）

二　財産上の利益を得る目的で、前項
第六号の罪を犯して暗号資産等の相
場を変動させ、当該変動させた相場
により当該暗号資産等に係る暗号資
産の売買その他の取引又は暗号資産
関連デリバティブ取引等を行つた者

商品関連市場デリバティブ取引のみに
係るものである場合を除く。）は、十年
以下の懲役及び三千万円以下の罰金に
処する。

　本項は、行為者が財産上の利益を得る目的で不公正行為を行う場合は、多額の利益を得る可能性があるため、通常の罰則による威嚇だけでは違反に対する十分な抑止力にならないことに鑑み、かかる目的で違反行為を行い、不法な利益を得た蓋然性が高い場合に、10年以下の懲役及び3,000万円以下の罰金を必ず併科することとして量刑を加重する旨を規定するものである。従前は、有価証券の取引等に関する不公正行為の罪（第1項第5号）を対象とする規定であったが、新設された暗号資産の取引等に関する不公正行為の罪（同項第6号）についても本項の趣旨は妥当すること考えられることから、その対象に追加することとしている。

　すなわち、財産上の利益を得る目的で、暗号資産の取引等に関する不正行為の禁止（第185条の22第1項）、風説の流布等の禁止（第185条の23第1項）又は相場操縦行為等の禁止（第185条の24第1項・第2項）に違反する罪を犯して暗号資産等[注]の相場を変動させ、当該変動させた相場により当該暗号資産等に係る暗号資産の売買その他の取引又は暗号資産関連デリバティブ取引等を行った者について、10年以下の懲役及び3,000万円以下の罰金を併科することとしている。

　（注）「暗号資産等」は、第185条の23第1項かっこ書きで定義されている。

第198条の2

第1項

改　正　後	改　正　前
第百九十八条の二　次に掲げる財産は、没収する。ただし、その取得の状況、損害賠償の履行の状況その他の事情に照らし、当該財産の全部又は一部を没収することが相当でないときは、これを没収しないことができる。 一　第百九十七条第一項第五号若しくは第六号若しくは第二項又は第百九十七条の二第十三号の罪の犯罪行為により得た財産 二　（略）	第百九十八条の二　次に掲げる財産は、没収する。ただし、その取得の状況、損害賠償の履行の状況その他の事情に照らし、当該財産の全部又は一部を没収することが相当でないときは、これを没収しないことができる。 一　第百九十七条第一項第五号若しくは第二項又は第百九十七条の二第十三号の罪の犯罪行為により得た財産 二　（略）

　本項は、有価証券の取引等に関する一定の不公正行為の罪等により違反者が得た財産を必要的没収の対象とする規定である。

　暗号資産の取引等に関する不公正行為の罪により違反者が得た財産についても、有価証券の取引等の場合と同様、違反者の手元に利得が残らないよう例外なく没収・追徴できるようにすることが適当であることから、本項の対象に加えることとしている。

第198条の6

改　正　後	改　正　前
第百九十八条の六　次の各号のいずれかに該当する者は、一年以下の懲役若しくは三百万円以下の罰金に処し、又はこれを併科する。 一・二　（略） 二の二　第四十三条の六第二項（第六十六条の十五において準用する場合を含む。）の規定に違反した者 三～十八　（略）	第百九十八条の六　次の各号のいずれかに該当する者は、一年以下の懲役若しくは三百万円以下の罰金に処し、又はこれを併科する。 一・二　（略） （新設） 三～十八　（略）

　本条は、各号のいずれかに該当する者は、1年以下の懲役若しくは300万円以下の罰金に処し、又はこれを併科することを定めるものであるところ、暗号資産関連業務に関する特則（第43条の6）が新設されたことに伴い、当該規定に違反した者に対する罰則を設けることとしている。

第 8 章の 2　没収に関する手続等の特例

第 209 条の 5　（没収された債権等の処分等）

第 1 項

改　正　後	改　正　前
第二百九条の五　第百九十七条第一項第五号若しくは第六号若しくは第二項、第百九十七条の二第十三号又は第二百条第十四号の罪に関し没収された債権等は、検察官がこれを処分しなければならない。	第二百九条の五　第百九十七条第一項第五号若しくは第二項、第百九十七条の二第十三号又は第二百条第十四号の罪に関し没収された債権等は、検察官がこれを処分しなければならない。

　本項は、有価証券の取引等に関する不公正行為の罪等に関し没収された債権等の処分について規定するものであるところ、第 198 条の 2 において暗号資産の取引等に関する不公正行為の罪により違反者が得た財産についても必要的没収・追徴の対象に加えたことに伴い、本項の対象にも加えることとしている。

第 2 項

改　正　後	改　正　前
2　第百九十七条第一項第五号若しくは第六号若しくは第二項、第百九十七条の二第十三号又は第二百条第十四号の罪に関し没収すべき債権の没収の裁判が確定したときは、検察官は、当該債権の債務者に対し没収の裁判の裁判書の抄本を送付してその旨を通知するものとする。	2　第百九十七条第一項第五号若しくは第二項、第百九十七条の二第十三号又は第二百条第十四号の罪に関し没収すべき債権の没収の裁判が確定したときは、検察官は、当該債権の債務者に対し没収の裁判の裁判書の抄本を送付してその旨を通知するものとする。

　本項は、有価証券の取引等に関する不公正行為の罪等に関し没収すべき債権の没収の裁判が確定した場合の債務者に対する通知について規定するものであるところ、第 198 条の 2 において暗号資産の取引等に関する不公正行為の罪により違反者が得た財産についても必要的没収・追徴の対象に

加えたことに伴い、本項の対象にも加えることとしている。

第209条の6 （没収の裁判に基づく登記等）

改　　正　　後	改　　正　　前
第二百九条の六　権利の移転について登記又は登録（以下この条において「登記等」という。）を要する財産を第百九十七条第一項第五号若しくは<u>第六号若しくは第二項</u>、第百九十七条の二第十三号又は第二百条第十四号の罪に関し没収する裁判に基づき権利の移転の登記等を関係機関に嘱託する場合において、没収により効力を失つた処分の制限に係る登記等若しくは没収により消滅した権利の取得に係る登記等があり、又は当該没収に関して組織的な犯罪の処罰及び犯罪収益の規制等に関する法律（平成十一年法律第百三十六号）第四章第一節の規定による没収保全命令若しくは附帯保全命令に係る登記等があるときは、併せてその抹消を嘱託するものとする。	第二百九条の六　権利の移転について登記又は登録（以下この条において「登記等」という。）を要する財産を第百九十七条第一項第五号若しくは第二項、第百九十七条の二第十三号又は第二百条第十四号の罪に関し没収する裁判に基づき権利の移転の登記等を関係機関に嘱託する場合において、没収により効力を失つた処分の制限に係る登記等若しくは没収により消滅した権利の取得に係る登記等があり、又は当該没収に関して組織的な犯罪の処罰及び犯罪収益の規制等に関する法律（平成十一年法律第百三十六号）第四章第一節の規定による没収保全命令若しくは附帯保全命令に係る登記等があるときは、併せてその抹消を嘱託するものとする。

　本条は、有価証券の取引等に関する不公正行為の罪等に関し、権利の移転について登記等を要する財産を没収する裁判に基づく登記等の嘱託について規定するものであるところ、第198条の2において暗号資産の取引等に関する不公正行為の罪により違反者が得た財産についても必要的没収・追徴の対象に加えたことに伴い、本条の対象にも加えることとしている。

第209条の7 （刑事補償の特例）

改　　正　　後	改　　正　　前
第二百九条の七　第百九十七条第一項第五号若しくは<u>第六号若しくは第二項</u>、第百九十七条の二第十三号又は第二百	第二百九条の七　第百九十七条第一項第五号若しくは第二項、第百九十七条の二第十三号又は第二百条第十四号の罪

| 条第十四号の罪に関し没収すべき債権等の没収の執行に対する刑事補償法による補償の内容については、同法第四条第六項の規定を準用する。 | に関し没収すべき債権等の没収の執行に対する刑事補償法による補償の内容については、同法第四条第六項の規定を準用する。 |

　本条は、有価証券の取引等に関する不公正行為の罪等に関し没収すべき債権等の没収の執行に対する刑事補償について規定するものであるところ、第 198 条の 2 において暗号資産の取引等に関する不公正行為の罪により違反者が得た財産についても必要的没収・追徴の対象に加えたことに伴い、本条の対象にも加えることとしている。

第9章　犯則事件の調査等

第211条（臨検、捜索又は差押え等）

第1項

改　正　後	改　正　前
第二百十一条　委員会職員は、犯則事件を調査するため必要があるときは、委員会の所在地を管轄する地方裁判所又は簡易裁判所の裁判官があらかじめ発する許可状により、臨検、犯則嫌疑者等の身体、物件若しくは住居その他の場所の捜索、証拠物若しくは没収すべき物件と思料するものの差押え又は記録命令付差押え（電磁的記録を保管する者その他電磁的記録を利用する権限を有する者に命じて必要な電磁的記録を記録媒体に記録させ、又は印刷させた上、当該記録媒体を差し押さえることをいう。以下この章において同じ。）をすることができる。ただし、参考人の身体、物件又は住居その他の場所については、差し押さえるべき物件の存在を認めるに足りる状況のある場合に限り、捜索をすることができる。	第二百十一条　委員会職員は、犯則事件を調査するため必要があるときは、委員会の所在地を管轄する地方裁判所又は簡易裁判所の裁判官があらかじめ発する許可状により、臨検、捜索又は差押えをすることができる。

　犯則事件の調査において、電磁的記録（以下「データ」という）に係る証拠を収集する場合、それが記録されている記録媒体（例えばサーバ等）を特定し、これを差し押さえる方法も可能であるが、情報通信技術の進展を踏まえると、サーバ等を迅速に特定して差し押さえることは容易でない場合がある上、サーバ等そのものを差し押さえるとその管理者の業務に支障が生じるおそれもある。他方、通信事業者等は、裁判官が発する許可状があれば、適宜の形でデータを提出することに協力的な場合が多いと考えられる。

　これらの点を踏まえ、データについて適時に的確な証拠収集が行えるよう、記録命令付差押えに係る規定を設けることとしている。

　記録命令付差押えは、データについて証拠としての必要性があるときに行うことができるものであり、これを命じられた者は記録等をすべき法的義務を負うこととなる。

第2項 新設

改　　正　　後
2　差し押さえるべき物件が電子計算機であるときは、当該電子計算機に電気通信回線で接続している記録媒体であつて、当該電子計算機で作成若しくは変更をした電磁的記録又は当該電子計算機で変更若しくは消去をすることができることとされている電磁的記録を保管するために使用されていると認めるに足りる状況にあるものから、その電磁的記録を当該電子計算機又は他の記録媒体に複写した上、当該電子計算機又は当該他の記録媒体を差し押さえることができる。

　情報通信技術の進展を踏まえ、データについて適時に的確な証拠収集が行えるよう、差し押さえるべき物件が電子計算機である場合に、電気通信回線（以下「ネットワーク」という）で接続された外部サーバ等に保管された自己作成データ等を当該電子計算機等に複写した上で、当該電子計算機等を差し押さえることができることとしている。

第3項

改　　正　　後	改　　正　　前
3　前二項の場合において、急速を要するときは、委員会職員は、臨検すべき物件若しくは場所、捜索すべき身体、物件若しくは場所、差し押さえるべき物件又は電磁的記録を記録させ、若しくは印刷させるべき者の所在地を管轄する地方裁判所又は簡易裁判所の裁判官があらかじめ発する許可状により、前二項の処分をすることができる。	2　前項の場合において急速を要するときは、委員会職員は、臨検すべき場所、捜索すべき場所、身体若しくは物件又は差し押さえるべき物件の所在地を管轄する地方裁判所又は簡易裁判所の裁判官があらかじめ発する許可状により、同項の処分をすることができる。

　本項は、臨検等の許可状を発する裁判官について、急速を要するときには委員会所在地以外の一定の裁判所に属する裁判官であってもよい旨を定

める規定であるところ、その対象に記録命令付差押え等を追加することと
している。

第4項

改　正　後	改　正　前
4　委員会職員は、第一項又は前項の許可状（<u>第二百二十二条の三第四項及び第五項を除き、</u>以下この章において「許可状」という。）を請求する場合においては、犯則事件が存在すると認められる資料を提供しなければならない。	3　委員会職員は、第一項又は前項の許可状（以下この章において「許可状」という。）を請求する場合においては、犯則事件が存在すると認められる資料を提供しなければならない。

　本項において、第1項及び第3項の許可状を「許可状」と定義している
ところ、新設する第222条の3（鑑定等の嘱託）の規定においても「許可状」
の文言を用いる箇所があることから、これを上記定義から除外すること
としている。

第5項

改　正　後	改　正　前
5　前項の規定による請求があつた場合においては、地方裁判所又は簡易裁判所の裁判官は、<u>犯則嫌疑者の氏名（法人については、名称）、罪名並びに臨検すべき物件若しくは場所、捜索すべき身体、物件若しくは場所、差し押さえるべき物件又は記録させ、若しくは印刷させるべき電磁的記録及びこれを記録させ、若しくは印刷させるべき者</u>並びに請求者の官職及び氏名、有効期間、その期間経過後は執行に着手することができずこれを返還しなければならない旨、交付の年月日並びに裁判所名を記載し、自己の記名押印した許可状を	4　前項の請求があつた場合においては、地方裁判所又は簡易裁判所の裁判官は、<u>臨検すべき場所、捜索すべき場所、身体若しくは物件又は差し押さえるべき物件</u>並びに請求者の官職及び氏名、有効期間、その期間経過後は執行に着手することができずこれを返還しなければならない旨、交付の年月日並びに裁判所名を記載し、自己の記名押印した許可状を委員会職員に交付しなければならない。<u>この場合において、犯則嫌疑者の氏名又は犯則の事実が明らかであるときは、これらの事項をも記載しなければならない。</u>

> 委員会職員に交付しなければならない。

　本項は臨検等の許可状の記載事項を定める規定であるところ、これに記録命令付差押えに係る記載事項を追加することとしている。

　なお、改正前の金商法第 211 条第 4 項後段は、犯則嫌疑者の氏名又は犯則の事実が明らかである場合に限り、これらの事項を記載すべき旨を定めているところ、改正法では、そうした場合に限らず犯則嫌疑者の氏名及び罪名を記載事項とするとともに、犯則の事実は記載事項から除外することとしている。

第 6 項　新設

改　正　後
6　第二項の場合においては、許可状に、前項に規定する事項のほか、差し押さえるべき電子計算機に電気通信回線で接続している記録媒体であつて、その電磁的記録を複写すべきものの範囲を記載しなければならない。

　ネットワークで接続している外部サーバ等からの複写（第 2 項）について、許可状の記載事項を追加することとしている。

第 7 項

改　正　後	改　正　前
7　委員会職員は、許可状を他の委員会職員に交付して、臨検、捜索、差押え又は記録命令付差押えをさせることができる。	5　委員会職員は、許可状を他の委員会職員に交付して、臨検、捜索又は差押えをさせることができる。

　本項は、委員会職員が他の委員会職員に許可状を交付して臨検等をさせることができる旨を定める規定であるところ、その対象に記録命令付差押えを追加することとしている。

第211条の3 （通信履歴の電磁的記録の保全要請）

第1項 新設

改　　正　　後
<u>第二百十一条の三　委員会職員は、差押え又は記録命令付差押えをするため必要があるときは、電気通信を行うための設備を他人の通信の用に供する事業を営む者又は自己の業務のために不特定若しくは多数の者の通信を媒介することのできる電気通信を行うための設備を設置している者に対し、その業務上記録している電気通信の送信元、送信先、通信日時その他の通信履歴の電磁的記録のうち必要なものを特定し、三十日を超えない期間を定めて、これを消去しないよう、書面で求めることができる。この場合において、当該電磁的記録について差押え又は記録命令付差押えをする必要がないと認めるに至つたときは、当該求めを取り消さなければならない。</u>

　通信履歴は一般に短期間で消去されることが多く、迅速に保全する必要性が高いことや、保全要請の法律上の根拠を明確化しておくことが望ましいこと等から、通信履歴の保全要請についての規定を設けることとしている。

　保全要請は、相手方に対して通信履歴の保全を法的に義務付けるものである。

第2項 新設

改　　正　　後
<u>2　前項の規定により消去しないよう求める期間については、特に必要があるときは、三十日を超えない範囲内で延長することができる。ただし、消去しないよう求める期間は、通じて六十日を超えることができない。</u>

　本項は、「特に必要があるとき」に保全期間の延長を認めるものである。延長回数自体に制限は設けていないが、1回当たりの延長期間は30日を超えない範囲内で定めるものとし、かつ、保全期間は通算して60日を超えることができないこととしている。

第 3 項 新設

改　　正　　後
3　第一項の規定による求めを行う場合において、必要があるときは、みだりに当該求めに関する事項を漏らさないよう求めることができる。

　保全要請は、犯則事件の調査の初期段階に行うことが多いと予想され、密行性の観点から相手方に秘密保持の法的義務を負わせる必要がある。そこで、必要があるときは、保全要請に関する事項について秘密保持を求めることができることとしている。

第 211 条の 4 （電磁的記録に係る記録媒体の差押えに代わる処分） 新設

改　　正　　後
第二百十一条の四　差し押さえるべき物件が電磁的記録に係る記録媒体であるときは、委員会職員は、その差押えに代えて次に掲げる処分をすることができる。 　一　差し押さえるべき記録媒体に記録された電磁的記録を他の記録媒体に複写し、印刷し、又は移転した上、当該他の記録媒体を差し押さえること。 　二　差押えを受ける者に差し押さえるべき記録媒体に記録された電磁的記録を他の記録媒体に複写させ、印刷させ、又は移転させた上、当該他の記録媒体を差し押さえること。

　データに係る記録媒体自体を差し押さえると、その管理者の業務に支障を生じさせるおそれがあるところ、犯則事件の調査においては、必要なデータさえ取得できれば足りる場合も少なくないと考えられる。

　そこで、データに係る記録媒体の差押えに代わる処分について規定を設けることとしている。第 1 号は差押えをする委員会職員が自ら複写等を行う場合について、第 2 号は差押えを受ける者に複写等を行わせる場合について、それぞれ規定している。

第212条（臨検、捜索又は差押え等の夜間執行の制限）

改　正　後	改　正　前
第二百十二条　臨検、捜索、差押え又は記録命令付差押えは、許可状に夜間でも執行することができる旨の記載がなければ、日没から日の出までの間には、してはならない。 2　日没前に開始した臨検、捜索、差押え又は記録命令付差押えは、必要があると認めるときは、日没後まで継続することができる。	第二百十二条　臨検、捜索又は差押えは、許可状に夜間でも執行することができる旨の記載がなければ、日没から日の出までの間には、してはならない。 2　日没前に開始した臨検、捜索又は差押えは、必要があると認めるときは、日没後まで継続することができる。

　本条は臨検等の夜間執行の制限について定める規定であるところ、その対象に記録命令付差押えを追加することとしている。

第213条（許可状の提示）

改　正　後	改　正　前
第二百十三条　臨検、捜索、差押え又は記録命令付差押えの許可状は、これらの処分を受ける者に提示しなければならない。	第二百十三条　臨検、捜索又は差押えの許可状は、これらの処分を受ける者に提示しなければならない。

　本条は臨検等の許可状の提示を定める規定であるところ、その対象に記録命令付差押えを追加することとしている。

第214条（身分の証明）

改　正　後	改　正　前
第二百十四条　委員会職員は、この章の規定により質問、検査、領置、臨検、捜索、差押え又は記録命令付差押えをするときは、その身分を示す証票を携帯し、関係者の請求があつたときは、これを提示しなければならない。	第二百十四条　委員会職員は、この章の規定により質問、検査、領置、臨検、捜索又は差押えをするときは、その身分を示す証票を携帯し、関係者の請求があつたときは、これを提示しなければならない。

　本条は委員会職員が質問等を行う際の身分の証明について定める規定であるところ、その対象に記録命令付差押えを追加することとしている。

第215条（臨検、捜索又は差押え等に際しての必要な処分）

改　正　後	改　正　前
第二百十五条　委員会職員は、臨検、捜索、差押え又は記録命令付差押えをするため必要があるときは、錠をはずし、封を開き、その他必要な処分をすることができる。 2　前項の処分は、領置物件、差押物件又は記録命令付差押物件についても、することができる。	第二百十五条　委員会職員は、臨検、捜索又は差押えをするため必要があるときは、錠をはずし、封を開き、その他必要な処分をすることができる。 2　前項の処分は、領置物件又は差押物件についても、することができる。

　本条は臨検等に際しての必要な処分について定める規定であるところ、その対象となる場面に記録命令付差押えを追加することとしている。

第215条の2（処分を受ける者に対する協力要請）　新設

改　正　後
第二百十五条の二　臨検すべき物件又は差し押さえるべき物件が電磁的記録に係る記録媒体であるときは、委員会職員は、臨検又は捜索若しくは差押えを受ける者に対し、電子計算機の操作その他の必要な協力を求めることができる。

　データに係る記録媒体の臨検等を行うに当たり、専門的知識が必要な場合があるところ、被処分者が臨検等に協力する義務を法律上明らかにしておくことが望ましいことを踏まえ、本条において、被処分者に対して必要な協力を要請できることとしている。

第216条（処分中の出入りの禁止）

改　正　後	改　正　前
第二百十六条　委員会職員は、この章の規定により質問、検査、領置、臨検、捜索、差押え又は記録命令付差押えをす	第二百十六条　委員会職員は、この章の規定により質問、検査、領置、臨検、捜索又は差押えをする間は、何人に対し

改　正　後	改　正　前
る間は、何人に対しても、許可を受けないでその場所に出入りすることを禁止することができる。	ても、許可を受けないでその場所に出入りすることを禁止することができる。

　本条は質問等をする間の出入りの禁止について定める規定であるところ、その対象に記録命令付差押えを追加することとしている。

第217条（責任者等の立会い）
第1項

改　正　後	改　正　前
第二百十七条　委員会職員は、人の住居又は人の看守する邸宅若しくは建造物その他の場所で臨検、捜索、<u>差押え又は記録命令付差押え</u>をするときは、その所有者若しくは管理者（これらの者の代表者、代理人その他これらの者に代わるべき者を含む。）又はこれらの者の使用人若しくは同居の親族で成年に達した者を立ち会わせなければならない。	第二百十七条　委員会職員は、人の住居又は人の看守する邸宅若しくは建造物その他の場所で臨検、捜索<u>又は差押え</u>をするときは、その所有者若しくは管理者（これらの者の代表者、代理人その他これらの者に代わるべき者を含む。）又はこれらの者の使用人若しくは同居の親族で成年に達した者を立ち会わせなければならない。

　本項は臨検等をする際の責任者等の立会いについて定める規定であるところ、その対象に記録命令付差押えを追加することとしている。

第218条（警察官の援助）

改　正　後	改　正　前
第二百十八条　委員会職員は、臨検、捜索、<u>差押え又は記録命令付差押え</u>をするに際し必要があるときは、警察官の援助を求めることができる。	第二百十八条　委員会職員は、臨検、捜索<u>又は差押え</u>をするに際し必要があるときは、警察官の援助を求めることができる。

　本条は臨検等をする際の警察官の援助について定める規定であるところ、その対象に記録命令付差押えを追加することとしている。

第 219 条（調書の作成）

第 1 項 新設

改 正 後
第二百十九条　委員会職員は、この章の規定により質問をしたときは、その調書を作成し、質問を受けた者に閲覧させ、又は読み聞かせて、誤りがないかどうかを問い、質問を受けた者が増減変更の申立てをしたときは、その陳述を調書に記載し、質問を受けた者とともにこれに署名押印しなければならない。ただし、質問を受けた者が署名押印せず、又は署名押印することができないときは、その旨を付記すれば足りる。

　改正前の金商法第 219 条は、質問、検査、領置、臨検、捜索又は差押えをしたときの調書の作成等についてまとめて規定しているが、改正法は、第 1 項から第 3 項までにおいて、質問の場合、検査又は領置の場合、臨検等の場合を分けて規定することとしている。

　本項はこのうち、質問をしたときの調書の作成等について規定するものである。

第 2 項 新設

改 正 後
2　委員会職員は、この章の規定により検査又は領置をしたときは、その調書を作成し、これに署名押印しなければならない。

　本項は、検査又は領置をしたときの調書の作成等について規定するものである。

第 3 項

改 正 後	改 正 前
3　委員会職員は、この章の規定により臨検、捜索、差押え又は記録命令付差押えをしたときは、その調書を作成し、立会人に示し、立会人とともにこれに	委員会職員は、この章の規定により質問、検査、領置、臨検、捜索又は差押えをしたときは、その調書を作成し、質問を受けた者又は立会人に示し、こ

改　正　後	改　正　前
署名押印しなければならない。ただし、立会人が署名押印せず、又は署名押印することができないときは、その旨を付記すれば足りる。	れらの者とともにこれに署名押印しなければならない。ただし、<u>質問を受けた者又は</u>立会人が署名押印せず、又は署名押印することができないときは、その旨を付記すれば足りる。

　本項は、臨検、捜索、差押えをしたときの調書の作成等について規定するものであり、その対象に記録命令付差押えを追加することとしている。

第220条（領置目録等の作成等）

改　正　後	改　正　前
第二百二十条　委員会職員は、領置、<u>差押え又は記録命令付差押え</u>をしたときは、その目録を作成し、領置物件、<u>差押物件若しくは記録命令付差押物件</u>の所有者、所持者若しくは保管者（<u>第二百十一条の四の規定による処分を受けた者を含む。）</u>又はこれらの者に代わるべき者にその謄本を交付しなければならない。	第二百二十条　委員会職員は、領置<u>又は差押え</u>をしたときは、その目録を作成し、領置物件若しくは差押物件の所有者若しくは所持者又はこれらの者に代わるべき者にその謄本を交付しなければならない。

　本条は領置等をした際の目録の作成等について定める規定であるところ、その対象に記録命令付差押えを追加すること等としている。

第221条（領置物件等の処置）

改　正　後	改　正　前
第二百二十一条　運搬又は保管に不便な領置物件、<u>差押物件又は記録命令付差押物件</u>は、その所有者又は所持者その他委員会職員が適当と認める者に、その承諾を得て、保管証を徴して保管させることができる。	第二百二十一条　運搬又は保管に不便な領置物件<u>又は差押物件</u>は、その所有者又は所持者その他委員会職員が適当と認める者に、その承諾を得て、保管証を徴して保管させることができる。

　本条は運搬に不便な領置物件等の処置について定める規定であるとこ

ろ、その対象に記録命令付差押物件を追加することとしている。

第 222 条（領置物件等の還付等）

第 1 項

改　正　後	改　正　前
第二百二十二条　委員会職員は、領置物件、差押物件又は記録命令付差押物件について留置の必要がなくなつたときは、その返還を受けるべき者にこれを還付しなければならない。	第二百二十二条　委員会は、領置物件又は差押物件について留置の必要がなくなつたときは、その返還を受けるべき者にこれを還付しなければならない。

　本項は領置物件等の還付について定める規定であるところ、その対象に記録命令付差押物件を追加することとしている。

第 2 項

改　正　後	改　正　前
2　委員会は、前項の領置物件、差押物件又は記録命令付差押物件について、その返還を受けるべき者の住所若しくは居所がわからないため、又はその他の事由によりこれを還付することができない場合においては、その旨を公告しなければならない。	2　委員会は、前項の領置物件又は差押物件の返還を受けるべき者の住所若しくは居所がわからないため、又はその他の事由によりこれを還付することができない場合においては、その旨を公告しなければならない。

　本項は領置物件等の還付をすることができない場合の公告について定める規定であるところ、その対象に記録命令付差押物件を追加することとしている。

第 3 項

改　正　後	改　正　前
3　前項の規定による公告に係る領置物件、差押物件又は記録命令付差押物件	3　前項の公告に係る領置物件又は差押物件について、公告の日から六月を経

について公告の日から六月を経過しても還付の請求がないときは、これらの物件は、国庫に帰属する。	過しても還付の請求がないときは、これらの物件は、国庫に帰属する。

本項は、公告の日から６ヶ月を経過しても還付の請求がないときは公告に係る領置物件等が国庫に帰属する旨を定める規定であるところ、その対象に記録命令付差押物件を追加することとしている。

第222条の２（移転した上差し押さえた記録媒体の交付等）

第１項 新設

改　正　後
第二百二十二条の二　委員会職員は、第二百十一条の四の規定により電磁的記録を移転し、又は移転させた上差し押さえた記録媒体について留置の必要がなくなつた場合において、差押えを受けた者と当該記録媒体の所有者、所持者又は保管者とが異なるときは、当該差押えを受けた者に対し、当該記録媒体を交付し、又は当該電磁的記録の複写を許さなければならない。

第211条の４の規定により電磁的記録を移転し、又は移転させた上で差し押さえた記録媒体について、差押えを受けた者が用意したものでない場合、差押えを受けた者に対しては、第222条第１項の規定による還付が行われないこととなる。このような場合、差押えを受けた者のもとに電磁的記録が残らないことから、留置の必要がなくなったときは、本項により、差押えを受けた者に対して、上記記録媒体を交付し、又は移転に係る電磁的記録の複写を許すこととしている。

第２項 新設

改　正　後
２　前条第二項の規定は、前項の規定による交付又は複写について準用する。

第１項の規定による交付等についても、これを受けるべき者の住所がわからない場合等が考えられることから、第222条第２項と同様の公告を行うため、同項を準用する規定を設けている。

第3項 新設

改　正　後
3　前項において準用する前条第二項の規定による公告の日から六月を経過しても第一項の規定による交付又は複写の請求がないときは、その交付をし、又は複写をさせることを要しない。

　第1項の規定による交付等について、公告の日から6ヶ月を経過してもその請求がないときは、交付等を不要とすることとしている。

第222条の3（鑑定等の嘱託）

第1項 新設

改　正　後
第二百二十二条の三　委員会職員は、犯則事件を調査するため必要があるときは、学識経験を有する者に領置物件、差押物件若しくは記録命令付差押物件についての鑑定を嘱託し、又は通訳若しくは翻訳を嘱託することができる。

　犯則事件の調査において、学識経験を有する者に領置物件等についての鑑定を嘱託し、又は通訳若しくは翻訳を嘱託することが必要となる場合がある。そこで、本項においてこうした嘱託をすることができることを明文化している。

第2項～第5項 新設

改　正　後
2　前項の規定による鑑定の嘱託を受けた者（第四項及び第五項において「鑑定人」という。）は、委員会の所在地を管轄する地方裁判所又は簡易裁判所の裁判官の許可を受けて、当該鑑定に係る物件を破壊することができる。
3　前項の許可の請求は、委員会職員からしなければならない。
4　前項の請求があつた場合において、裁判官は、当該請求を相当と認めるときは、犯則嫌疑者の氏名（法人については、名称）、罪名、破壊すべき物件及び鑑定人の氏名並びに請求者の官職及び氏名、有効期間、その期間経過後は執行に着手することができずこれを返還しなければならない旨、交付の年月日並びに裁判所名を記載し、自己の記名押印した許可状を委員会職員に交付しなければならない。
5　鑑定人は、第二項の処分を受ける者に前項の許可状を示さなければならない。

　鑑定のために物件の破壊が必要となる場合があると考えられることから、第2項において、鑑定人は、裁判官の許可を受けて、鑑定に係る物件を破壊することができることとしている。

　第3項は、上記の許可の請求をする主体について、第4項は、裁判官が請求を相当と認めるときは必要な事項を記載等した許可状を交付しなければならないことについて、第5項は、許可状の提示について、それぞれ規定している。

第224条（財務局等職員の犯則調査）
第2項

改　正　後	改　正　前
2　前項の規定により財務局長又は財務支局長が指定した者（以下この章において「財務局等職員」という。）は、委員会職員とみなして第二百十条から前条までの規定を適用する。この場合において、<u>第二百十一条第一項中「委員会の」</u>とあるのは「その所属する財務局又は財務支局の」と、第二百二十二条第二項中「委員会」とあるのは「財務局長又は財務支局長」と、第二百二十二条の三第二項中「委員会」とあるのは「第二百二十四条第二項の規定により前項の委員会職員とみなされる同条第二項に規定する財務局等職員の所属する財務局又は財務支局」と、前条中「委員会に」とあるのは「財務局長又は財務支局長に」とする。	2　前項の規定により財務局長又は財務支局長が指定した者（以下この章において「財務局等職員」という。）は、委員会職員とみなして第二百十条から前条までの規定を適用する。この場合において、<u>第二百十一条中「委員会」</u>とあるのは「その所属する財務局又は財務支局」と、前二条中「委員会」とあるのは「財務局長又は財務支局長」とする。

　本項は、第1項の規定により財務局長等が指定した財務局等職員につき、委員会職員とみなして犯則事件の調査に係る第210条から第223条までの規定を適用する旨を定めるとともに、これらのうちいくつかの規定中の「委員会」の文言を、「その所属する財務局又は財務支局」等と読み替える旨の規定である。前記のとおり、第222条の3（鑑定等の嘱託）の規定を新設す

るところ、同条第2項に「委員会」の文言があることから、本項において同様の読替えをしている。

第 226 条（委員会の告発等）
第 1 項

改 正 後	改 正 前
第二百二十六条　委員会は、犯則事件の調査により犯則の心証を得たときは、告発し、領置物件、差押物件又は記録命令付差押物件があるときは、これを領置目録、差押目録又は記録命令付差押目録とともに引き継がなければならない。	第二百二十六条　委員会は、犯則事件の調査により犯則の心証を得たときは、告発し、領置物件又は差押物件があるときは、これを領置目録又は差押目録とともに引き継がなければならない。

　本項は、委員会が犯則事件を告発する場合に領置物件等があるときはその目録とともに引き継がなければならない旨を定める規定であるところ、その対象に記録命令付差押物件を追加することとしている。

第 2 項

改 正 後	改 正 前
2　前項の領置物件、差押物件又は記録命令付差押物件が第二百二十一条の規定による保管に係るものである場合においては、同条の保管証をもつて引き継ぐとともに、その旨を同条の保管者に通知しなければならない。	2　前項の領置物件又は差押物件が第二百二十一条の規定による保管に係るものである場合においては、同条の保管証をもつて引き継ぐとともに、その旨を同条の保管者に通知しなければならない。

　本項は、第1項の領置物件等が第221条の規定による保管に係るものである場合の手続について定める規定であるところ、その対象に記録命令付差押物件を追加することとしている。

第3項

改　　正　　後	改　　正　　前
3　前二項の規定により領置物件、<u>差押物件又は記録命令付差押物件</u>が引き継がれたときは、当該物件は、刑事訴訟法（昭和二十三年法律第百三十一号）の規定によつて押収されたものとみなす。	3　前二項の規定により領置物件<u>又は差</u>押物件が引き継がれたときは、当該物件は、刑事訴訟法（昭和二十三年法律第百三十一号）の規定によつて押収されたものとみなす。

　本項は、第1項及び第2項の規定により領置物件等が引き継がれたときに刑事訴訟法の規定によって押収されたものとみなす旨の規定であるところ、その対象に記録命令付差押物件を追加することとしている。

第3条　金融商品の販売等に関する法律の一部改正

第2条（定義）
第1項

改　正　後	改　正　前
第二条　この法律において「金融商品の販売」とは、次に掲げる行為をいう。 　一～五　（略） 　六　次に掲げるものを取得させる行為（代理又は媒介に該当するもの並びに第八号及び第九号に掲げるものに該当するものを除く。） 　　イ・ロ　（略） 　　ハ　資金決済に関する法律（平成二十一年法律第五十九号）第二条第五項に規定する暗号資産 　七～十一　（略）	第二条　この法律において「金融商品の販売」とは、次に掲げる行為をいう。 　一～五　（略） 　六　次に掲げるものを取得させる行為（代理又は媒介に該当するものを除く。） 　　イ・ロ　（略） 　　（新設） 　七～十一　（略）

　金融商品の販売等に関する法律は、顧客との預金契約、信託契約、保険契約、有価証券を取得させる行為、デリバティブ取引等の「金融商品の販売等」（金融商品の販売又はその代理若しくは媒介）を業として行う金融商品販売業者等に対し、主として、顧客に対する重要事項の説明義務等を課している。改正法は、暗号資産を取得させる行為を、「金融商品の販売」の定義に追加し、金融商品の販売等に関する法律の適用対象に追加している。

第3条（金融商品販売業者等の説明義務）
第3項

改　正　後	改　正　前
3　第一項第一号、第三号及び第五号の「元本欠損が生ずるおそれ」とは、当該金融商品の販売が行われることにより	3　第一項第一号、第三号及び第五号の「元本欠損が生ずるおそれ」とは、当該金融商品の販売が行われることにより

顧客の支払うこととなる金銭の合計額（当該金融商品の販売が行われることにより当該顧客の譲渡することとなる金銭以外の財産であって政令で定めるもの（以下この項及び第六条第二項において「金銭相当物」という。）がある場合にあっては、当該合計額に当該金銭相当物の市場価額（市場価額がないときは、処分推定価額）の合計額を加えた額）が、当該金融商品の販売により当該顧客（当該金融商品の販売により当該顧客の定めるところにより金銭又は金銭以外の財産を取得することとなる者がある場合にあっては、当該者を含む。以下この項において「顧客等」という。）の取得することとなる金銭の合計額（当該金融商品の販売により当該顧客等の取得することとなる金銭以外の財産がある場合にあっては、当該合計額に当該金銭以外の財産の市場価額（市場価額がないときは、処分推定価額）の合計額を加えた額）を上回ることとなるおそれをいう。

顧客の支払うこととなる金銭の合計額（当該金融商品の販売が行われることにより当該顧客の譲渡することとなる金銭以外の物又は権利であって政令で定めるもの（以下この項及び第六条第二項において「金銭相当物」という。）がある場合にあっては、当該合計額に当該金銭相当物の市場価額（市場価額がないときは、処分推定価額）の合計額を加えた額）が、当該金融商品の販売により当該顧客（当該金融商品の販売により当該顧客の定めるところにより金銭又は金銭以外の物若しくは権利を取得することとなる者がある場合にあっては、当該者を含む。以下この項において「顧客等」という。）の取得することとなる金銭の合計額（当該金融商品の販売により当該顧客等の取得することとなる金銭以外の物又は権利がある場合にあっては、当該合計額に当該金銭以外の物又は権利の市場価額（市場価額がないときは、処分推定価額）の合計額を加えた額）を上回ることとなるおそれをいう。

　金融商品販売業者等は、顧客に対し重要事項の説明義務を負うが、その説明事項の1つとして、「元本欠損が生ずるおそれがある旨」が挙げられる。金融商品の販売が行われることで顧客が譲渡・取得する暗号資産の価額が、その「元本欠損」の計算に適切に反映されるようにするために、その計算対象の1つである「物又は権利」を、暗号資産が読み込める「財産」に改めている。

第4項

改　正　後	改　正　前
4　第一項第二号、第四号及び第六号の「当初元本を上回る損失が生ずるおそれ」とは、次に掲げるものをいう。	4　第一項第二号、第四号及び第六号の「当初元本を上回る損失が生ずるおそれ」とは、次に掲げるものをいう。
一　当該金融商品の販売（前条第一項第八号から第十号までに掲げる行為及び同項第十一号に掲げる行為であって政令で定めるものに限る。以下この項において同じ。）について金利、通貨の価格、金融商品市場における相場その他の指標に係る変動により損失が生ずることとなるおそれがある場合における当該損失の額が当該金融商品の販売が行われることにより顧客が支払うべき委託証拠金その他の保証金の<u>金銭の額（当該金融商品の販売が行われることにより当該顧客の預託すべき金銭以外の財産であって政令で定めるもの（以下この号において「保証金相当物」という。）がある場合にあっては、当該額に当該保証金相当物の市場価額（市場価額がないときは、処分推定価額）の合計額を加えた額。次号及び第三号において同じ。）</u>を上回ることとなるおそれ	一　当該金融商品の販売（前条第一項第八号から第十号までに掲げる行為及び同項第十一号に掲げる行為であって政令で定めるものに限る。以下この項において同じ。）について金利、通貨の価格、金融商品市場における相場その他の指標に係る変動により損失が生ずることとなるおそれがある場合における当該損失の額が当該金融商品の販売が行われることにより顧客が支払うべき委託証拠金その他の保証金の額を上回ることとなるおそれ
二　当該金融商品の販売について当該金融商品の販売を行う者その他の者の業務又は財産の状況の変化により損失が生ずることとなるおそれがある場合における当該損失の額が当該金融商品の販売が行われることにより顧客が支払うべき委託証拠金その他の保証金の<u>金銭の額</u>を上回ることとなるおそれ	二　当該金融商品の販売について当該金融商品の販売を行う者その他の者の業務又は財産の状況の変化により損失が生ずることとなるおそれがある場合における当該損失の額が当該金融商品の販売が行われることにより顧客が支払うべき委託証拠金その他の保証金の額を上回ることとなるおそれ
三　当該金融商品の販売について第一	三　当該金融商品の販売について第一

項第六号の事由により損失が生ずることとなるおそれがある場合における当該損失の額が当該金融商品の販売が行われることにより顧客が支払うべき委証証拠金その他の保証金の<u>金銭の額を上回ることとなるおそれ</u>	項第六号の事由により損失が生ずることとなるおそれがある場合における当該損失の額が当該金融商品の販売が行われることにより顧客が支払うべき委証証拠金その他の保証金の額を上回ることとなるおそれ
四 （略）	四 （略）

　金融商品販売業者等は、顧客に対し重要事項の説明義務を負うが、その説明事項の1つとして、「当初元本を上回る損失が生ずるおそれがある旨」が挙げられる。「当初元本を上回る損失」は、主にデリバティブ取引において想定されるものであるが、かかる取引において顧客が預託する暗号資産の価額が、「当初元本を上回る損失」の計算に適切に反映されるようにするために、その計算対象に暗号資産が含まれるようにするとともに、その計算の仕方を新たに規定している。

第5項

改　正　後	改　正　前
5　第一項第一号ハ、第二号ハ、第三号ハ、第四号ハ、第五号ハ及び第六号ハに規定する「金融商品の販売に係る取引の仕組み」とは、次に掲げるものをいう。 一・二　（略） 三　<u>前条第一項第六号に掲げる行為（同号イに係るものに限る。）</u>にあっては、当該規定に規定する権利の内容及び当該行為が行われることにより顧客が負うこととなる義務の内容 四　<u>前条第一項第六号に掲げる行為（同号ロに係るものに限る。）</u>にあっては、当該規定に規定する債権の内容及び当該行為が行われることにより顧客が負担することとなる債務の内容	5　第一項第一号ハ、第二号ハ、第三号ハ、第四号ハ、第五号ハ及び第六号ハに規定する「金融商品の販売に係る取引の仕組み」とは、次に掲げるものをいう。 一・二　（略） 三　<u>前条第一項第六号イに掲げる行為</u>にあっては、当該規定に規定する権利の内容及び当該行為が行われることにより顧客が負うこととなる義務の内容 四　<u>前条第一項第六号ロに掲げる行為</u>にあっては、当該規定に規定する債権の内容及び当該行為が行われることにより顧客が負担することとなる債務の内容

改　正　後	改　正　前
五　前条第一項第六号に掲げる行為（同号ハに係るものに限る。）にあっては、当該規定に規定する暗号資産に表示される権利の内容（当該権利が存在しないときは、その旨）及び当該行為が行われることにより顧客が負うこととなる義務の内容	（新設）
六・七　（略）	五・六　（略）

　金融商品販売業者等は、顧客に対し重要事項の説明義務を負うが、その説明事項の１つとして、「金融商品の販売に係る取引の仕組み」が挙げられる。本項では、暗号資産を取得させる行為に係る「取引の仕組み」とは、暗号資産に表示される権利の内容（当該権利が存在しないときは、その旨）及び当該行為が行われることにより顧客が負うこととなる義務の内容である旨を、新たに規定している。

第６条（損害の額の推定）
第２項

改　正　後	改　正　前
２　前項の「元本欠損額」とは、当該金融商品の販売が行われたことにより顧客の支払った金銭及び支払うべき金銭の合計額（当該金融商品の販売が行われたことにより当該顧客の譲渡した金銭相当物又は譲渡すべき金銭相当物がある場合にあっては、当該合計額にこれらの金銭相当物の市場価額（市場価額がないときは、処分推定価額）の合計額を加えた額）から、当該金融商品の販売により当該顧客（当該金融商品の販売により当該顧客の定めるところにより金銭又は金銭以外の<u>財産</u>を取得することとなった者がある場合にあっては、当該者を含む。以下この項において「顧客等」という。）の取得した金銭	２　前項の「元本欠損額」とは、当該金融商品の販売が行われたことにより顧客の支払った金銭及び支払うべき金銭の合計額（当該金融商品の販売が行われたことにより当該顧客の譲渡した金銭相当物又は譲渡すべき金銭相当物がある場合にあっては、当該合計額にこれらの金銭相当物の市場価額（市場価額がないときは、処分推定価額）の合計額を加えた額）から、当該金融商品の販売により当該顧客（当該金融商品の販売により当該顧客の定めるところにより金銭又は金銭以外の<u>物若しくは権利</u>を取得することとなった者がある場合にあっては、当該者を含む。以下この項において「顧客等」という。）の取

及び取得すべき金銭の合計額（当該金融商品の販売により当該顧客等の取得した金銭以外の<u>財産</u>又は取得すべき金銭以外の<u>財産</u>がある場合にあっては、当該合計額にこれらの金銭以外の<u>財産</u>の市場価額（市場価額がないときは、処分推定価額）の合計額を加えた額）と当該金融商品の販売により当該顧客等の取得した金銭以外の<u>財産</u>であって当該顧客等が売却その他の処分をしたものの処分価額の合計額とを合算した額を控除した金額をいう。

得した金銭及び取得すべき金銭の合計額（当該金融商品の販売により当該顧客等の取得した金銭以外の<u>物若しくは権利</u>又は取得すべき金銭以外の<u>物若しくは権利</u>がある場合にあっては、当該合計額にこれらの金銭以外の<u>物又は権利</u>の市場価額（市場価額がないときは、処分推定価額）の合計額を加えた額）と当該金融商品の販売により当該顧客等の取得した金銭以外の<u>物又は権利</u>であって当該顧客等が売却その他の処分をしたものの処分価額の合計額とを合算した額を控除した金額をいう。

　金融商品の販売等に関する法律の適用により推定されることとなる損害賠償の額は、「元本欠損額」であるが、その「元本欠損額」の計算につき、金融商品の販売が行われることで顧客が取得する暗号資産の価額が適切に反映されるようにするために、その計算対象の1つである「物又は権利」を、暗号資産が読み込める「財産」に改めている。

第10条　銀行法の一部改正

第2章　業務

　銀行が営むことのできる業務の範囲は、銀行法第10条以下で規定され、第12条において、それ以外の業務を営むことが禁止されている。

　このうち、第10条第1項に規定されている業務は、銀行免許の取得が必要となる「銀行業」に該当する業務であり、一般的に、銀行の固有業務と称している。

　また、第10条第2項において、銀行は、固有業務のほか、「次に掲げる業務その他の銀行業に付随する業務を営むことができる」と定めている。銀行業を営んでいく上で、例えば、手元の余裕資金の運用など、銀行業に関連する業務を併せ営む必要性が想定されるところ、それを許容する旨を定める規定である。

　銀行の付随業務は、①質的に固有業務との関連性又は親近性があること、②分量において固有業務に対して従たる程度を超えないこと、が必要であるとされている。

　また、③付随業務の範囲は、社会経済の変化に伴って、その要求される機能に応じ、個別具体的に、かつ柔軟に考慮されるべきものであると考えられており、④固有業務との関連性又は親近性は、各時代における社会的・経済的機能から見て、一般通念の上で当然に行ってしかるべきである、という程度のもので十分と考えられている[注1][注2]。

　本改正は、銀行の付随業務に、「顧客から取得した当該顧客に関する情報を当該顧客の同意を得て第三者に提供する業務その他当該銀行の保有する情報を第三者に提供する業務であつて、当該銀行の営む銀行業の高度化又は当該銀行の利用者の利便の向上に資するもの」を加えるものである。

（注1）　池田唯一＝中島淳一監修・佐藤則夫編著・本間晶ほか著『銀行法』（金融財政事情研究会、2017）。
（注2）　小山嘉昭『銀行法精義』（金融財政事情研究会、2018）。

第10条　(業務の範囲)

第2項

改　正　後	改　正　前
2　銀行は、前項各号に掲げる業務のほか、次に掲げる業務その他の銀行業に付随する業務を営むことができる。 一～十九　(略) <u>二十　顧客から取得した当該顧客に関する情報を当該顧客の同意を得て第三者に提供する業務その他当該銀行の保有する情報を第三者に提供する業務であつて、当該銀行の営む銀行業の高度化又は当該銀行の利用者の利便の向上に資するもの</u>	2　銀行は、前項各号に掲げる業務のほか、次に掲げる業務その他の銀行業に付随する業務を営むことができる。 一～十九　(略) (新設)

(1)　他の法律の規定する「業」との関係

　他の法律において、「情報の第三者提供」を含めた一連の行為・業務が、一体として「業」として規定されている場合がある[注]。

　改正の趣旨にも鑑みれば、金融機関が行おうとする保有情報の第三者提供業務のうち、他の法律の規定する「業」に該当しうるものを一律・画一的に否定するような制度運用は適切ではないと考えられるが、一方で他業禁止の趣旨が没却することとならないように制度運用が行われていく必要があると考えられる。

(注)　例えば、以下のような例がある。
・いわゆる「コンテンツ配信事業」:電気通信設備を用いて他人の通信を媒介する電気通信役務以外の電気通信役務を電気通信回線設備を設置することなく提供する電気通信事業 (電気通信事業法第164条第1項第3号)
・電子決済等代行業 (第2号):銀行に預金又は定期積金等の口座を開設している預金者等の委託を受けて、電子情報処理組織を使用する方法により、当該銀行から当該口座に係る情報を取得し、これを当該預金者等に提供することを行う営業 (銀行法第2条第17項第2号)

(2) 固有業務や既存の付随業務に従属して行われる情報の提供との関係

金融機関は、従来、固有業務や既存の付随業務を営むにあたり、例えば以下のとおり、保有する情報を顧客に対して提供してきた。

① 銀行が、融資業務を営むにあたり、年齢層別の融資実績や返済実績に関して保有している情報を、個人顧客に提供する。

② 保険会社が、保険商品の販売業務を営むにあたり、年齢層別の三大疾病の罹患リスクや罹患時に想定される治療費に関して保有している情報を、個人顧客に提供する。

このような情報提供は、あくまでも、固有業務や既存の付随業務に従属して行われてきたものであり、情報を提供すること自体を目的として行われるものでないことは明らかである。

今回の改正後においては、

(i) 金融機関が従来行ってきた上記のような情報の提供については、引き続き、固有業務や既存の付随業務（に従属するもの）であると整理し、

(ii) 金融機関が従来営むことができなかった（情報を提供すること自体を目的とした）情報の第三者提供業務については、今回の改正により新設される「保有情報の第三者提供業務」であると整理する、

ことが自然であると考えられる。

(3) 「当該顧客の同意を得て」と規定している理由

前述のとおり、金融機関が個人情報を取り扱うにあたり、個人情報保護法令の適用を受ける点は、今回の改正後も変わることはない。

個人に係る情報の第三者提供にあたっては、個人情報保護法令上、一定の場合を除き、本人同意を要することとされているため、例示において「当該顧客の同意を得て」と規定したものである。

(4) 「業務であつて、当該銀行の営む銀行業の高度化又は当該銀行の利用者の利便の向上に資するもの」と規定している理由

保有情報の第三者提供業務には多種多様なものが想定され、銀行業との関係を何ら見出すことのできないものも存在する（例えば、音楽・娯楽動画

の配信サイトの運営）。今回の改正はそうしたものを認めるものではないため、銀行業と関係性があるものに限定する目的で規定しているものである。

　なお、「銀行業の高度化」とは、例えば、銀行業の効率性・収益性の改善や、銀行業に係るリスク管理の高度化を、「利用者の利便の向上」とは、例えば、利用者の経済活動の質が向上することを、それぞれ示すものである。

⑸　「顧客」と「利用者」を使い分けている理由

　銀行法等において、「顧客」という用語は、現に取引関係を有する者、既に金融機関との間で取引を前提とした接触関係にある者、を指す用語として用いられていると考えられる。保有情報の第三者提供業務においても、金融機関に情報を提供する者は、現に取引関係を有する者や既に金融機関との間で取引を前提とした接触関係にある者であると考えられる。このため、金融機関に情報を提供する者を規定する場合は、「顧客」という用語を用いたものである。

　また、銀行法において、「利用者」という用語は、「顧客」（現に取引関係を有する者や既に取引を前提とした接触関係にある者）に加え、将来的に取引を行う可能性のある者も含めた、より幅広い範囲を指す用語として用いられていると考えられる。

　この点、今回の改正は、金融機関が保有情報の第三者提供業務を営むことを通じた利用者利便の向上やイノベーションの促進を目的とするものであることから、「顧客」に加え、将来的に取引を行う可能性のある者も含めた、より幅広い範囲の利便性の向上に資する業務を可能とすることが望ましい。このため、「『利用者』の利便の向上に資する」との用語を用いたものである。

第11条　保険業法の一部改正

第2編　保険会社等

第3章　業務

第98条

第1項

改　　正　　後	改　　正　　前
第九十八条　保険会社は、第九十七条の規定により行う業務のほか、当該業務に付随する次に掲げる業務その他の業務を行うことができる。 一～十三　（略） <u>十四　顧客から取得した当該顧客に関する情報を当該顧客の同意を得て第三者に提供する業務その他当該保険会社の保有する情報を第三者に提供する業務であって、当該保険会社の行う保険業の高度化又は当該保険会社の利用者の利便の向上に資するもの</u>	第九十八条　保険会社は、第九十七条の規定により行う業務のほか、当該業務に付随する次に掲げる業務その他の業務を行うことができる。 一～十三　（略） （新設）

　本項は、保険会社の付随業務に、顧客から取得した当該顧客に関する情報を当該顧客の同意を得て第三者に提供する業務その他当該保険会社の保有する情報を第三者に提供する業務であって、当該保険会社の行う保険業の高度化又は当該保険会社の利用者の利便の向上に資するもの、を加えることとするものである（詳細は前述の銀行法の解説を参照）。

第4章　子会社等

　保険会社が保有することができる子会社は、保険会社（本体）の他業禁止の趣旨等に鑑み、保険業を含めた金融業、金融業に従属する業務又は金融業に付随・関連する業務を行う会社等（子会社対象会社）に限定されている（保険業法第106条第1項）。

　また、保険会社が子会社対象会社を子会社とする場合には、（一部の子会社対象会社を除き）内閣総理大臣の認可を要する^(注)こととされている（保険業法第106条第7項）。

　なお、保険会社又はその子会社が合算して、子会社対象会社以外の国内の会社の議決権を、基準議決権数（10%）を超えて取得又は保有することは、原則として認められていない（いわゆる「10%ルール」）（保険業法第107条第1項）。

　今回の改正では、平成28年の銀行法改正により整備された銀行業高度化等会社に係る規定に相当する、以下の規定を整備した。

① 　保険会社が「保険業高度化等会社」を子会社として保有することを認める

② 　保険会社又はその子会社が合算して、保険業高度化等会社の議決権を、基準議決権数を超えて取得し、又は保有しようとするときは、（子会社としようとするには至らない場合であっても）内閣総理大臣の認可を要することとする

③ 　保険業高度化等会社を「10%ルール」の適用除外とする

（注）　保険会社のための業務を営む従属業務子会社、保険業に付随・関連する業務を専ら営む会社を子会社とする場合を除く。認可にあたっては、申請保険会社及びその子会社の収支等が良好であるか、保険会社が子会社の健全かつ適切な業務遂行を確保するための措置を講じることができるか等を審査することとしている（保険業法施行規則第58条第2項）。

第106条（保険会社の子会社の範囲等）

第1項

改　正　後	改　正　前
第百六条　保険会社は、次に掲げる会社（以下この条において「子会社対象会社」という。）以外の会社を子会社としてはならない。 一～十三　（略） 十三の二　前各号に掲げる会社のほか、情報通信技術その他の技術を活用した当該保険会社の行う保険業の高度化若しくは当該保険会社の利用者の利便の向上に資する業務又はこれに資すると見込まれる業務を営む会社 十四・十五　（略）	第百六条　保険会社は、次に掲げる会社（以下この条において「子会社対象会社」という。）以外の会社を子会社としてはならない。 一～十三　（略） （新設） 十四・十五　（略）

　本項の改正は、保険会社の子会社対象会社に、情報通信技術その他の技術を活用した当該保険会社の行う保険業の高度化若しくは当該保険会社の利用者の利便の向上に資する業務又はこれに資すると見込まれる業務を営む会社（「保険業高度化等会社」）、を加えることとするものである。

第7項

改　正　後	改　正　前
7　保険会社は、子会社対象会社のうち、第一項第一号から第十二号まで又は第十三号の二から第十五号までに掲げる会社（従属業務（第二項第一号に掲げる従属業務をいう。以下この項及び第十一項において同じ。）又は保険業に付随し、若しくは関連する業務として内閣府令で定めるものを専ら営む会社（従属業務を営む会社にあっては、主として当該保険会社の営む業務のためにその業務を営んでいる会社に限る。）を	7　保険会社は、子会社対象会社のうち、第一項第一号から第十二号まで、第十四号又は第十五号に掲げる会社（従属業務（第二項第一号に掲げる従属業務をいう。以下この項及び第十項において同じ。）又は保険業に付随し、若しくは関連する業務として内閣府令で定めるものを専ら営む会社（従属業務を営む会社にあっては、主として当該保険会社の営む業務のためにその業務を営んでいる会社に限る。）を除く。以下こ

除く。次項及び第九項並びに次条第四項第一号において「子会社対象保険会社等」という。）を子会社としようとするとき（第一項第十三号の二に掲げる会社にあっては、当該保険会社又はその子会社が合算してその基準議決権数（同条第一項に規定する基準議決権数をいう。次項及び第十項において同じ。）を超える議決権を取得し、又は保有しようとするとき）は、第百四十二条、第百六十七条第一項又は第百七十三条の六第一項の規定により事業の譲受け、合併又は会社分割の認可を受ける場合を除き、あらかじめ、内閣総理大臣の認可を受けなければならない。	の条及び次条第四項第一号において「子会社対象保険会社等」という。）を子会社としようとするときは、第百四十二条、第百六十七条第一項又は第百七十三条の六第一項の規定により事業の譲受け、合併又は会社分割の認可を受ける場合を除き、あらかじめ、内閣総理大臣の認可を受けなければならない。

　本項は、保険会社は、第1項第13号の2に掲げる会社（保険業高度化等会社）について、当該保険会社又はその子会社が合算してその基準議決権数（総株主等の議決権の10％）を超える議決権を取得し、又は保有しようとするときは、一定の場合を除き、あらかじめ、内閣総理大臣の認可を受けなければならないこととするものである。

　保険業高度化等会社は、以下の点において、既存の子会社対象会社と異なる。このため、保険会社又はその子会社が合算して、保険業高度化等会社の議決権を、基準議決権数（10％）を超えて取得し、又は保有しようとするときは、（子会社としようとするには至らない場合であっても）内閣総理大臣の認可を要することとしたものである。

①　他業の要素を含む業務を営む会社も想定されること

②　どのような業務を営む会社であれば、保険業高度化等会社に含まれるものとして、保険会社による基準議決権数を超える議決権の取得・保有を認めるかは、個別具体的な事案ごとの判断によらざるを得ないと考えられること

　なお、銀行法においても、銀行又はその子会社が合算して、銀行業高度化等会社の議決権を、基準議決権数（5％）を超えて取得し、又は保有しよ

うとするときは、内閣総理大臣の認可を要することとされている（銀行法第 16 条の 2 第 7 項）。

第 8 項

改　正　後	改　正　前
8　前項の規定は、子会社対象保険会社等が、保険会社又はその子会社の担保権の実行による株式又は持分の取得その他の内閣府令で定める事由により当該保険会社の子会社（第一項第十三号の二に掲げる会社にあっては、当該保険会社又はその子会社が合算してその基準議決権数を超える議決権を保有する会社。以下この項において同じ。）となる場合には、適用しない。ただし、当該保険会社は、その子会社となった子会社対象保険会社等を引き続き子会社とすることについて内閣総理大臣の認可を受けた場合を除き、当該子会社対象保険会社等が当該事由の生じた日から一年を経過する日までに子会社でなくなるよう、所要の措置を講じなければならない。	8　前項の規定は、子会社対象保険会社等が、保険会社又はその子会社の担保権の実行による株式又は持分の取得その他の内閣府令で定める事由により当該保険会社の子会社となる場合には、適用しない。ただし、当該保険会社は、その子会社となった子会社対象保険会社等を引き続き子会社とすることについて内閣総理大臣の認可を受けた場合を除き、当該子会社対象保険会社等が当該事由の生じた日から一年を経過する日までに子会社でなくなるよう、所要の措置を講じなければならない。

　第 7 項の改正に伴い、同項の適用除外とする場合を定めた本項について、技術的な改正を行うものである。

第 10 項　新設

改　正　後
10　保険会社は、当該保険会社又はその子会社が合算してその基準議決権数を超える議決権を保有している子会社対象会社（当該保険会社の子会社及び第一項第十三号の二に掲げる会社を除く。）が同号に掲げる会社となったことを知ったときは、引き続きその基準議決権数を超える議決権を保有することについて内閣総理大臣の認可を受けた場合を除き、これを知った日から一年を経過する日までに当該同号に掲げ

> る会社が当該保険会社又はその子会社が合算してその基準議決権数を超える議決権
> を保有する会社でなくなるよう、所要の措置を講じなければならない。

　本項は、保険会社は、当該保険会社又はその子会社が合算してその基準議決権数を超える議決権を保有している子会社対象会社（当該保険会社の子会社及び保険業高度化等会社を除く）が保険業高度化等会社となったことを知ったときは、内閣総理大臣の認可を受けた場合を除き、これを知った日から1年を経過する日までに当該保険業高度化等会社が当該保険会社又はその子会社が合算してその基準議決権数を超える議決権を保有する会社でなくなるよう、所要の措置を講じなければならないこととするものである。

　第7項の認可に係る規定の潜脱を防止する観点から、保険会社又はその子会社が合算してその基準議決権数を超える議決権を保有している子会社対象会社が、業態を転換して保険業高度化等会社となった場合[注]には、内閣総理大臣の認可を要することとした。

　なお、保険業高度化等会社となったことを知ったときから1年間は、内閣総理大臣の認可を受けることなく基準議決権数を超える議決権を保有し得るものとしている。これは、保険会社において、（当該保険会社の子会社である場合を除き、）子会社対象会社が保険業高度化等会社となることを事前に把握できない場合もあると考えられることに鑑み、一定の猶予期間を与えるものである。

　　（注）　保険業高度化等会社以外の子会社対象会社については、基準議決権数を超える
　　　　　議決権を取得した場合であっても、保険会社の子会社とならない限り、認可は不要
　　　　　である。

第107条（保険会社等による議決権の取得等の制限）
第1項

改　正　後	改　正　前
第百七条　保険会社又はその子会社は、国内の会社（前条第一項第一号から第七号まで、第十二号、第十三号の二及	第百七条　保険会社又はその子会社は、国内の会社（前条第一項第一号から第七号まで、第十二号及び第十四号に掲

び第十四号に掲げる会社並びに特例対象会社を除く。次項から第六項までにおいて同じ。）の議決権については、合算して、その基準議決権数（国内の会社の総株主等の議決権に百分の十を乗じて得た議決権の数をいう。次項から第六項までにおいて同じ。）を超える議決権を取得し、又は保有してはならない。

げる会社並びに特例対象会社を除く。以下この条において同じ。）の議決権については、合算して、その基準議決権数（当該国内の会社の総株主等の議決権に百分の十を乗じて得た議決権の数をいう。以下この条において同じ。）を超える議決権を取得し、又は保有してはならない。

　保険会社が保険業高度化等会社を子会社として保有することを認めることに伴い、他の国内の子会社対象会社と同様に、保険業高度化等会社を、保険会社等による議決権の取得等の制限（いわゆる「10％ルール」）の適用除外としたものである。

第13条　金融機関等が行う特定金融取引の一括清算に関する法律の一部改正

第4条　新設

改　　正　　後
第四条　更生手続開始の決定がされた者（一括清算の約定をした基本契約書に基づき特定金融取引を行っていた金融機関等又はその相手方に限る。以下この条において同じ。）の特定金融取引の相手方が、前条の規定により一の債権（以下この条において「一括清算後債権」という。）を有することとなる場合において、当該更生手続開始の決定がされた者と当該相手方との間において更生手続開始の申立て前に締結された担保権の設定を目的とする契約（その契約条項中において、基本契約書に基づき特定金融取引を行っている当事者の一方に更生手続開始の申立てがあった場合は、担保権者に弁済として担保権の目的である財産を帰属させることができることを約定しているものに限る。）に基づく一括清算後債権に係る担保権を有するときは、当該担保権の目的である財産（特定金融取引を行う当事者が相手方に対し債務の履行を担保するために預託する有価証券その他の内閣府令で定めるものに限る。以下この条において「一括清算対象財産」という。）は、当該更生手続開始の申立てがあった時において当該相手方に帰属する。
2　前項の場合において、当該相手方に帰属する一括清算対象財産の評価額（内閣府令で定めるところにより算出した額をいう。次項において同じ。）が一括清算後債権の額を超えるときは、当該相手方は、当該更生手続開始の決定がされた者に対して、その超える額に相当する金銭を遅滞なく支払わなければならない。ただし、当該一括清算対象財産の一部をもって、当該金銭の全部又は一部に代えることができる。
3　第一項の規定により一括清算対象財産が更生手続開始の決定がされた者の相手方に帰属するときは、一括清算対象財産の評価額（その額が一括清算後債権の額を超えるときは、一括清算後債権の額）を一括清算後債権の額から控除するものとする。
4　前三項（第二項ただし書を除く。）の規定は、更生手続開始の決定がされた者とその特定金融取引の相手方との間において、更生手続開始の申立て前に担保権の設定を目的とする契約（その契約条項中において、基本契約書に基づき特定金融取引を行っている当事者の一方に更生手続開始の申立てがあった場合は、担保権者に担保権の目的である財産を処分させることができることを約定しているものに限る。）が締結されている場合に準用する。この場合において、第一項中「当該更生手続開始の申立てがあった時」とあるのは「当該相手方が更生手続開始の申立て以後更生手続開始前に第三者に譲渡した時」と、「当該相手方に」とあるのは「当該第三者に」と、第二項中「当該相手方に」とあるのは「当該第三者に」と、「評価額（内閣府令

で定めるところにより算出した額をいう」とあるのは「譲渡価額（その額が内閣府令で定めるところにより算出した評価額に照らして不当に低いときは、当該評価額」と、前項中「更生手続開始の決定がされた者の相手方」とあるのは「第三者」と、「評価額」とあるのは「譲渡価額」と読み替えるものとする。

1　本条の構造

　本条は、更生手続開始決定前の段階で一括清算が完結する旨を規定することにより、本条の「帰属」が更生債権等の弁済の禁止（会社更生法第47条）に抵触しないことを確認する規定となっている。

　以下では、本条の各用語の意義及び趣旨について説明する。

2　帰属清算型における担保財産の「帰属」（第1項関係）

　本項は、一括清算の約定をした基本契約書に基づき特定金融取引を行っていた金融機関等又はその相手方に更生手続開始の決定があった場合には、当該取引に係る担保財産は、更生手続開始の申立て時に担保権者に帰属することを規定している。

(1)　適用される担保権設定契約の内容

　本項が適用されるためには、更生手続開始の申立て前に当事者間で締結された担保権設定契約書中に、「基本契約書に基づき特定金融取引を行っている当事者の一方に更生手続開始の申立てがあった場合は、担保権者に弁済として担保権の目的である財産を帰属させることができる」旨の契約条項を設けている必要がある。本項の「帰属」の効果が生じることについて、当事者の予測可能性を確保するためである。

(2)　担保権者の範囲

　本条が適用される担保権者の範囲は、更生手続開始の決定がなされた者（以下「破綻者」という）の相手方であって、一括清算法第3条の適用によって債権を有する者[注]に限定されている。同条の適用によって、破綻者が債権者、非破綻者が債務者となる場合には、当該破綻者（管財人）の担保権の実行については特段の制限はなく、本項により保護する必要はないためで

ある。

> （注）　所有権移転構成で差し入れられた担保財産に係る取引（消費貸借等）について
> は、「担保取引」（一括清算法施行規則第1条第1号）として一括清算法第3条が適
> 用される。したがって、本文における「一括清算法第3条の適用によって債権を有
> する者」とは、当該取引がネッティングされた後の残債権を有する者を意味する。

(3)　担保権の範囲

　本条が適用される担保権の範囲は、基本契約書に付随する担保権設定契約に基づく「一括清算後債権に係る担保権」に限定されている。なお、海外法令に基づき設定された担保権については、日本法において如何なる担保権と認定されるか必ずしも明らかでないため、本条は、「質権」等と限定することなく、広く「担保権」と規定している。

(4)　担保財産の範囲

　本条が適用される担保財産の範囲は、「有価証券」等の流動性の高い財産に限定されており、具体的な財産の種類等については一括清算法施行規則において定められる。

(5)　「帰属」の効果

ア　弁済禁止効との関係

　本項は、更生手続開始の申立てがあった時に担保財産が担保権者に帰属することとするため、更生債権等の弁済の禁止（会社更生法第47条）に抵触しないことを確認する規定となっている。

イ　中止命令等との関係

　本項の「帰属」は、本項で規定されている一定の条件が満たされれば、「担保権の実行」なくして法律上直ちにその効果が生じるため、更生手続開始決定前に行われる担保権の実行に対する裁判所の中止命令及び包括的禁止命令（会社更生法第24条第1項第2号、第25条第1項。以下「中止命令等」という）の対象となるおそれはない。

ウ　振替法等との関係

　本条の「帰属」は、有価証券に表示されるべき権利について特別な規定を設けている振替法や、これに相当する海外法令の規定を排除するものではない。したがって、振替法等の規定により要求される手続は、別途行う必要がある。

(6)　担保権者への帰属範囲

　本項は、担保財産の評価額が被担保債権の額を超える場合（以下「オーバーコラテラル」という）であっても、全ての担保財産を一旦担保権者に帰属させることを規定している。帰属清算型においては、担保財産が不可分である場合や複数ある場合、どの担保財産にどの程度の割合で「帰属」の効果が生じるのか判別が難しく、清算処理において実務上混乱が生じるおそれがあることから、担保財産の帰属の範囲を明確にすることで実務の運用の安定を図り、もって決済の安定性を確保するためである。

3　清算金支払義務（第2項関係）

　本項は、被担保債権の額を超えて担保財産が担保権者に帰属した場合における、その超過した部分に相当する額の清算金の支払について規定している。

(1)　超過分の金銭の支払義務

　本項本文は、担保権者には、第1項で帰属した担保財産の評価額のうち被担保債権の額を超過した部分に相当する額の清算金支払義務があることを規定している。同項の「帰属」により、オーバーコラテラルが生じることも考えられるところ、被担保債権の額を超えて担保権者の利益を図るべきではないためである。

(2)　清算金支払義務の履行遅滞の発生時期

　本項本文は、担保権者に対して清算金支払を遅滞なく履行しなければならないことを規定している。

(3)　担保財産による弁済

本項ただし書は、金銭に代えて、一旦帰属する担保財産によって弁済することもできることを規定している。担保権者にとって担保財産でそのまま弁済する方が便宜である場合も考えられるためである。

(4)　担保財産の評価額

担保財産の評価額の具体的な算出方法については、一括清算法施行規則で定められる。

4　担保財産の相当額分の「控除」（第3項関係）

本項は、第1項の規定により、担保権者に帰属した担保財産の評価額を被担保債権の額から控除することを規定している。担保権者に帰属した担保財産に相当する額が債務に充当されることを明確にするためである。

5　処分清算型における担保財産の「帰属」等（第4項関係）

本項は、一括清算の約定をした基本契約書に基づき特定金融取引を行っていた金融機関等又はその相手方に更生手続開始の申立てがあった場合であっても、更生手続開始決定前に当該取引に係る担保財産を第三者に譲渡した場合には、当該担保財産は、譲渡時に当該第三者に帰属することを規定している。

(1)　中止命令等との関係

本項の「帰属」は、「譲渡」という「担保権の実行」に当たる行為を介しているため、中止命令等との関係が問題となる[注]。

この点、①特定金融取引における担保権者は「更生担保権者」に該当しないことが本条の前提となっていること、②本条で想定している担保財産は流動性の高い有価証券や金銭債権等であり、事業を継続する上で不可欠な財産とはいえず、中止命令等が発令される趣旨が基本的には及ばないと考えられること等の事情を踏まえ、第1項と同様、本項の「帰属」は、中止命令等の対象とはならないことを確認する規定となっている。

（注）　中止命令等が対象としているのは「強制執行等……の手続」であるが（会社更
　　生法第24条第1項第2号、第25条第1項）、会社更生法第24条第1項第2号及び
　　第25条第1項は、民事執行手続を利用しない担保権の実行を明文で排除していな
　　い。本文では、民事執行手続を利用しない担保権の実行について、「強制執行等……
　　の手続」に類似するものとして中止命令等が発令される余地があることを前提に、
　　論点整理をしている。

(2)　担保財産の額

　本項は、担保財産の額を原則として譲渡価額としつつ、当該価額が不当
に低いときは一括清算法施行規則で定めるところにより算出した評価額に
修正されることを規定している。担保財産が不当に廉価で売却された等の
場合においては、本来、被担保債権を十分に削減でき、清算金を受け取る
ことができた債務者を害するおそれがあるためである。

(3)　その他

　本項は、基本的には帰属清算型について規定した第1項から第3項を準
用しており、清算金支払義務、控除の趣旨については、帰属清算型と同様
である。

第**4**部

参考資料

資料1

仮想通貨交換業等に関する研究会
報告書

平成 30 年 12 月 21 日

目　次

「仮想通貨交換業等に関する研究会」メンバー等名簿

平成 30 年 12 月 21 日現在

座　　長　　　神田　秀樹　学習院大学大学院法務研究科　教授
メンバー　　　井上　　聡　長島・大野・常松法律事務所　弁護士
　　　　　　　岩下　直行　京都大学公共政策大学院　教授
　　　　　　　翁　　百合　株式会社日本総合研究所　理事長
　　　　　　　加藤　貴仁　東京大学大学院法学政治学研究科　教授
　　　　　　　神作　裕之　東京大学大学院法学政治学研究科　教授
　　　　　　　楠　　正憲　Japan Digital Design 株式会社　最高技術責任者
　　　　　　　坂　勇一郎　東京合同法律事務所　弁護士
　　　　　　　中島　真志　麗澤大学経済学部　教授
　　　　　　　永沢 裕美子 Foster Forum 良質な金融商品を育てる会 世話人
　　　　　　　福田　慎一　東京大学大学院経済学研究科　教授
　　　　　　　三宅　恒治　みずほ総合研究所株式会社　金融調査部長
　　　　　　　森下　哲朗　上智大学法科大学院　教授

オブザーバー　奥山　泰全　一般社団法人日本仮想通貨交換業協会　会長
　　　　　　　中野　俊彰　一般社団法人信託協会　業務委員長
　　　　　　　望月　昭人　一般社団法人全国銀行協会　企画委員長
　　　　　　　山内　公明　日本証券業協会　常務執行役自主規制本部長
　　　　　　　山﨑　哲夫　一般社団法人金融先物取引業協会　事務局長
　　　　　　　髙橋　俊章　警察庁刑事局犯罪収益移転防止対策室長
　　　　　　　内藤　茂雄　消費者庁消費者政策課長
　　　　　　　竹林　俊憲　法務省大臣官房参事官
　　　　　　　中澤　　亨　財務省大臣官房信用機構課長
　　　　　　　福本　拓也　経済産業省経済産業政策局産業資金課長
　　　　　　　副島　　豊　日本銀行決済機構局 FinTech センター長

※ 当研究会においては、メンバー等に加え、以下の関係者を招き、意見交換
　を実施した。

○ 第1回	小川　久範	みずほ証券株式会社
（平成30年4月10日）		戦略調査部ディレクター
○ 第4回	伊藤　穰一	Director, MIT Media Lab
（平成30年6月15日）	Gary Gensler	Senior Advisor to the Director, MIT Media Lab
	Sagar Sarbhai	Head of Regulatory Relations for APAC and Middle East, Ripple

（注）第4回については、ビデオ通話により意見交換を実施。

（敬称略）

はじめに

　仮想通貨（暗号資産[1]）に関しては、マネーロンダリング・テロ資金供与対策に関する国際的要請[2]がなされたことや、国内における仮想通貨交換業者の破綻を受け、仮想通貨の支払・決済手段としての性格に着目し、仮想通貨交換業者について、犯罪収益移転防止法[3]における本人確認義務の導入等のマネーロンダリング・テロ資金供与対策や、資金決済法[4]における説明義務等の一定の利用者保護規定の整備が図られ、2017 年 4 月から施行された。

　その後、2018 年 1 月に、不正アクセスにより、仮想通貨交換業者が管理する顧客の仮想通貨（以下「受託仮想通貨」）が外部に流出する[5]という事案が発生したほか、行政当局の立入検査を通じて、多くの仮想通貨交換業者の内部管理態勢等の不備が把握された。また、仮想通貨の価格が乱高下し、仮想通貨が投機の対象になっている、との指摘もなされているほか、証拠金を用いた仮想通貨の取引や仮想通貨による資金調達等の新たな取引が登場する動きが見られた。

　本研究会は、こうした状況を受け、仮想通貨交換業等を巡る諸問題について制度的な対応を検討するため、2018 年 3 月に設置された。その後、海外の事業者

---

[1] 資金決済法に規定されている「仮想通貨」の呼称については、本報告書で述べているとおり、「暗号資産」に変更することが考えられるが、本報告書においては、現行の資金決済法を基に議論がなされたことや、本研究会の名称にも「仮想通貨交換業」の語が用いられていること等を踏まえ、混乱を回避する観点から、あえて「仮想通貨」の呼称を用いている。

[2] 2015 年 6 月の G 7 エルマウ・サミットにおいて、「仮想通貨及びその他の新たな支払手段の適切な規制を含め、全ての金融の流れの透明性拡大を確保するために更なる行動をとる。」ことを内容とする首脳宣言が発出された。また、同月、FATF（Financial Action Task Force：金融活動作業部会）において、「各国は、仮想通貨と法定通貨を交換する仮想通貨交換業者に対し、登録・免許制を課すとともに、顧客の本人確認義務等のマネーロンダリング・テロ資金供与規制を課すべきである。」こと等を内容とするガイダンスが公表された。

[3] 犯罪による収益の移転防止に関する法律。

[4] 資金決済に関する法律。

[5] 正確には、不正アクセスにより、仮想通貨交換業者が管理する（受託仮想通貨の移転に必要な）秘密鍵を知られ、仮想通貨交換業者が管理するアドレスから受託仮想通貨を移転された。

を含む関係者からのヒアリングも行いながら、11 回にわたり検討を行った[6]。本報告書は、本研究会におけるこれまでの検討結果を取りまとめたものである。

なお、本研究会における検討が進められている 2018 年 9 月に、仮想通貨交換業者において、受託仮想通貨の外部流出事案が再び発生した。この事案の概要も本研究会に報告され、その後の検討材料の一つとされた。仮想通貨交換業者は、仮想通貨に関する取引を行う者の多くが関わりを有する存在であり、再発防止を含め、利用者保護や取引の適正化に向けた取組みを徹底することが望まれる。

また、2018 年 10 月に、一般社団法人日本仮想通貨交換業協会に対し、認定資金決済事業者協会（資金決済法に基づく自主規制機関。以下「認定協会」）としての認定がなされ、仮想通貨を取り巻く環境の変化等に応じて、利用者保護の観点から、自主規制規則の策定・見直しや、会員である仮想通貨交換業者に対するモニタリング等が機動的に行われ得る環境が整備された。認定協会においては、今後、自主規制機能の十全な発揮に向けて、行政当局と緊密に連携していくとともに、執行体制の充実も含め、実効性の確保に尽力していくことを期待したい。さらに、仮想通貨に関する各種業務の実態を誰もが正確に把握できるようにしていくため、認定協会が必要な統計調査・情報提供の充実を図っていくことが望まれる。

---

[6] 具体的には、本報告書で順次述べるとおり、仮想通貨交換業者を巡る課題への対応、仮想通貨の不公正な現物取引への対応、仮想通貨カストディ業務への対応、仮想通貨デリバティブ取引への対応、ICO への対応等について検討を行った。

1．仮想通貨交換業者を巡る課題への対応

　前述のとおり、仮想通貨交換業者については、国際的要請を契機に、本人確認義務等のマネーロンダリング・テロ資金供与規制の対象とされた一方で、利用者保護の観点からも、イノベーションとのバランスに留意しつつ、資金決済法において一定の制度的枠組みが整備された。

　しかしながら、その後、仮想通貨の種類の増加[7]や事業規模の急拡大が進む中、行政当局の検査・モニタリングを通じて、仮想通貨交換業者の内部管理態勢の整備が追いついていない実態が明らかとなった。また、施行から約1年半の間に、受託仮想通貨の流出事案が2件発生したことや、仮想通貨が投機の対象になっているとされている実態等も踏まえ、本研究会においては、利用者保護の確保等の観点から、制度的枠組みの改善による対応が適切と考えられる課題について検討を行った。

（1）顧客財産の管理・保全の強化

ア．受託仮想通貨の流出リスクへの対応

　　仮想通貨交換業者には、セキュリティ対策の観点から、可能な限り、受託仮想通貨の移転に必要な秘密鍵をコールドウォレット（オフライン）[8]で管理することが求められる。

　　ただし、日々の流通に要する一定量の受託仮想通貨については、顧客からの移転指図に迅速に対応するため、一般にコールドウォレットよりもセキュリティリスクが高いとされるホットウォレット（オンライン）で秘密鍵を管理している場合がある。

---

[7] 第1回研究会（2018年4月10日開催）において、一般社団法人日本仮想通貨交換業協会より、「世界で流通している仮想通貨の種類は1,500種類以上」と言われている旨の説明があった。

[8] 一般に、ある仮想通貨アドレスから仮想通貨を移転させるためには、当該アドレスに対応した秘密鍵で電子署名を行う必要がある。秘密鍵はPCやUSBデバイス上のウォレット（ソフトウェア）内で管理されるが、一般に、外部のネットワークと接続されていないウォレットは「コールドウォレット」、接続されたウォレットは「ホットウォレット」と呼ばれている。

　実際に、不正アクセスを受けた複数の仮想通貨交換業者において、ホットウォレットで秘密鍵を管理していた受託仮想通貨が流出し、リスクが顕在化したところである[9]。

　こうしたセキュリティリスクへの対応としては、まずは、仮想通貨交換業者において、法令等で求められるセキュリティ対策を着実に講じることが重要である。行政当局においても、引き続き、仮想通貨交換業者におけるセキュリティリスクに係る管理態勢を重点的にモニタリングしていくことが適当と考えられる。また、仮想通貨交換業者のセキュリティレベルの向上を図る観点からは、例えば、専門的な知見を有する関係団体等において、技術面からの指針等が整備されることも有効と考えられる。

　一方で、こうしたセキュリティ対策に加えて、流出事案が生じた場合の対応が予め明確であることや、顧客に対する弁済原資が確保されていることも、利用者保護の観点から重要と考えられる。

　このため、仮想通貨交換業者に対し、受託仮想通貨を流出させた場合の対応方針の策定・公表や、ホットウォレットで秘密鍵を管理する受託仮想通貨に相当する額以上の純資産額[10]及び弁済原資（同種・同量以上の仮想通貨[11]）の保持を求めることが適当と考えられる。

---

[9] 2018年1月に不正アクセスを受けたコインチェック株式会社においては、流出対象となった受託仮想通貨（ネム）の全量について、ホットウォレットで秘密鍵を管理しており、約580億円相当を流出させた。また、2018年9月に不正アクセスを受けたテックビューロ株式会社においては、流出対象となった受託仮想通貨（ビットコイン等）の多くについて、ホットウォレットで秘密鍵を管理しており、約70億円相当（うち受託仮想通貨約45億円相当）を流出させた。

[10] 仮想通貨交換業者の事業規模の拡大への対応や安易な参入の回避による登録審査に係る行政コストの抑制の観点から、登録要件の一つである最低資本金額（現行1,000万円）を引き上げることが必要ではないかとの意見があった。一方で、イノベーションが生まれる可能性にも配意すれば、参入段階での規制を一律に強化するのではなく、リスクに応じた弁済原資の確保を求めるべきではないかとの意見もあった。

[11] 弁済原資については、自己財産・顧客財産とは分別して保持することを求めることが適当と考えられる。なお、弁済原資として金銭等の安全資産の保持を求めることも考えられるが、仮想通貨交換業者が顧客に対して負っている義務は受託仮想通貨を返還することであることや、安全資産の保持額が仮想通貨の価格変動により弁済必要額に満たなくなる場合があり得ること等に留意が必要と考えられる。また、仮に受託仮想通貨が流出したとしても、仮想通貨交換業者が顧客に対して受託仮想通貨を返還する義務

4

イ．仮想通貨交換業者の倒産リスクへの対応

　一般に、業務上、顧客財産を預かる業者には、顧客財産の流用の防止や破綻時における顧客財産の明確化等の観点から、自己財産と顧客財産の分別管理が求められる。我が国の金融法制で求められている分別管理の方法は、自己財産と顧客財産を明確に区分した上で、以下の方法を採用するものに大別される[12]。

① 顧客を受益者とする信託により顧客財産を保全する方法
② 顧客毎の財産を直ちに判別できる状態で管理する方法

（ア）受託仮想通貨の保全

　仮想通貨については、私法上の位置付けが明確でない中で、少なくとも過去の破綻事例において見られたような顧客財産の流用を防止する観点から、資金決済法上、仮想通貨交換業者には、受託仮想通貨について、顧客毎の財産を直ちに判別できる状態で管理することが求められている。また、それを補う観点から、仮想通貨交換業者に対し、公認会計士又は監査法人による分別管理監査及び財務諸表監査が課されている。

　しかしながら、これまでの行政当局による検査・モニタリングを通じて、仮想通貨交換業者の職員が受託仮想通貨を私的に流用していた事実も認められているところであり、まずは、各仮想通貨交換業者におけるコンプライアンスの徹底が求められる。

が当然に消滅するわけではないことを踏まえても、弁済原資としては同種の仮想通貨の保持を求めることが適当と考えられる。

[12] 例えば、金融商品取引業者においては、顧客から（所有権の移転を伴う）消費寄託により預かった金銭については、顧客を受益者とする信託義務が課されている。一方で、顧客から（所有権の移転を伴わない）寄託により預かった有価証券については、顧客毎の財産を直ちに判別できる状態で管理することが求められている。

　これにより、金融商品取引業者において分別管理が適切になされている限り、仮に当該金融商品取引業者が破綻したとしても、顧客は、金銭については信託受益権の行使により、有価証券については所有権に基づく取戻権の行使により、いずれも弁済を受けることが可能な枠組みとなっている。

　一方で、仮に、仮想通貨交換業者が適切に分別管理を行っていたとしても、受託仮想通貨について倒産隔離が有効に機能するかどうかは定かとなっていない。

　このため、受託仮想通貨について、倒産隔離の観点から、仮想通貨交換業者に対し、顧客を受益者とする信託義務を課すことも考えられる[13]が、仮想通貨の種類や受託仮想通貨の量が増加してきている中で、それに対応した信託銀行・信託会社におけるセキュリティリスク管理等に係る態勢整備の必要性を踏まえれば、現時点で、全種・全量の受託仮想通貨の信託を義務付けることは困難と考えられる[14]。

　なお、今後、仮に、信託銀行等において十分な態勢整備等が図られる場合には、仮想通貨交換業者が可能な範囲で受託仮想通貨の信託を行っていくことは望ましいと考えられる。

　また、全ての受託仮想通貨の信託が行われ得ない現状に鑑みれば、顧客が取引を行うに際して、仮想通貨交換業者の財務の健全性を認識できるようにする観点から、仮想通貨交換業者に対し、貸借対照表や損益計算書をはじめとする財務書類の開示を求めることが適当と考えられる。

　さらに、仮想通貨交換業者の破綻時においても、受託仮想通貨の顧客への返還が円滑に行われるようにする観点からは、顧客の仮想通貨交換

---

[13] 信託法上の取扱いを含め、仮想通貨の私法上の位置付けについては、関係者において、今後、更に検討・整理がなされることが期待される。

[14] 全種・全量の受託仮想通貨の信託の義務付けが困難である場合には、受託仮想通貨に相当する額の金銭を信託することも考えられるのではないかとの意見もあった。こうした対応については、ホットウォレットで秘密鍵を管理する受託仮想通貨に相当する額以上の弁済原資の保持（上記ア．で前述）や、顧客に対する受託仮想通貨の優先弁済（後述）といった対応とも一部類似した効果があると考えられる。このため、これら全ての対応を足し合わせるのではなく、実現可能性も踏まえながら、適切に組み合わせることが重要と考えられる。

業者に対する受託仮想通貨の返還請求権[15]を優先弁済の対象とすることも考えられる[16]。

（イ）受託金銭の保全

　　仮想通貨交換業者が管理する顧客の金銭（以下「受託金銭」）については、資金決済法上、自己資金とは別の預貯金口座又は金銭信託で管理することが求められているが、制度の施行時と比べて、受託金銭の額が高額になってきているほか、検査・モニタリングを通じて、仮想通貨交換業者による受託金銭の流用事案も確認されている。

　　このため、受託金銭については、流用防止及び倒産隔離を図る観点から、仮想通貨交換業者に対し、信託義務を課すことが適当と考えられる。

（2）仮想通貨交換業者による業務の適正な遂行の確保

ア．取引価格の透明性の確保、利益相反の防止

　　一般に、仮想通貨は、その価値の裏付けとなる資産等がないため本源的な価値を観念し難く、その価格は主に需給関係により決定するとされているものの、価格形成のメカニズムは必ずしも明らかとなっておらず、価格が大きく変動するリスクも抱えている。

　　こうした中にあっては、顧客が妥当でない価格で仮想通貨の取引を行うおそれもあるため、取引価格の透明性を高めていくことや仮想通貨交換業者による利益相反行為を防止していくことが重要であり、仮想通貨交換業者に対し、以下の対応を求めることが考えられる。

・　顧客との取引に関し、以下の情報を公表すること。

---

[15]　こうした顧客が仮想通貨交換業者に対して有する権利について、法令等で明らかにすることが望まれるとの意見があった。

[16]　受託仮想通貨の返還請求権を優先弁済の対象とすることについては、他の債権者との関係にも留意が必要との意見もあった。こうした意見も踏まえ、優先弁済権の目的財産を、仮想通貨交換業者の総財産ではなく、例えば、本来的に顧客以外の債権者のための財産とはいえない受託仮想通貨と、上記ア．で述べた流出リスクに備えて顧客のために保持を求める弁済原資（同種の仮想通貨）に限定するといった対応も考えられる。

① 　自己が提示する相対取引価格（売値と買値）及びスプレッド（売値と買値との差）、又は、自己が提供する「顧客間の取引のマッチングの場」における約定価格・気配値及び当該約定価格と自己の相対取引価格との差

② 　認定協会が算出する参考価格[17]及び当該参考価格と自己の相対取引価格との差

・ 　仮想通貨交換業者が、顧客との相対取引、「顧客間の取引のマッチングの場」の提供、他の仮想通貨交換業者への取次ぎ等、顧客に複数の取引チャネルを提供する場合には、利益相反を防止し、かつ、顧客にとって最良の条件で注文を執行するための方針を策定・公表し、それを適正かつ確実に実施するための体制を整備すること。

・ 　仮想通貨交換業者が、顧客から自己が提供する「顧客間の取引のマッチングの場」での取引注文を受けた場合に、それをマッチングの場に取り次がず、自己が相手方となって取引を行う場合には、その旨及びそれが最良の条件による執行であった理由を顧客に説明すること。

・ 　仮想通貨交換業者が、流動性供給等の観点から、自己が提供する「顧客間の取引のマッチングの場」に自らも参加することがある場合には、その旨及び理由を顧客に説明すること。

イ．過剰な広告・勧誘への対応

　仮想通貨交換業者による積極的な広告等により、仮想通貨の値上がり益を期待した投機的取引が助長されており、また、そうした取引を行う顧客の中には、仮想通貨のリスクについての認識が不十分な者も存在する、との指摘がある。

---

[17] 認定協会においては、業界全体として取引価格の透明性を高める取組みを推進する観点から、仮想通貨交換業者で取り扱われている仮想通貨の種類毎に、少なくとも会員である仮想通貨交換業者における約定価格等を基に参考価格を算出・公表することが必要と考えられる。

こうした状況を踏まえれば、顧客によるリスクの誤認や投機的取引の助長を抑止する観点から、仮想通貨交換業者に対し、以下のような行為を行わないことを求めることが適当と考えられる。

- 誇大広告、虚偽告知、断定的判断の提供、不招請勧誘
- 顧客の知識等に照らして不適当と認められる勧誘
- 投機的取引を助長する広告・勧誘[18]

ウ．自主規制規則との連携

仮想通貨の分野では、技術革新によりサービス内容等が急速に変化する可能性がある中、仮想通貨交換業者における業務の適正かつ確実な遂行を確保していくためには、必要に応じて行政当局による監督権限の行使を可能とする法令に基づく規制と、環境変化に応じて柔軟かつ機動的な対応を行い得る認定協会の自主規制規則の連携が重要であると考えられる。

このため、認定協会への加入を促すとともに、認定協会未加入の仮想通貨交換業者に対しても自主規制規則に準じた体制整備を求める観点から、仮想通貨交換業者について、以下のような登録拒否・取消要件を設けることが適当と考えられる。

- 認定協会に加入しない者であって、認定協会の自主規制に準ずる内容の社内規則を作成していない者
- 当該社内規則を遵守するための体制を整備していない者

---

[18] 仮想通貨交換業者は、いわゆるターゲティング広告を利用し、仮想通貨の取引を積極的に求めていない顧客に対しても、他のウェブサービス等の利用時に仮想通貨に関する広告を自動的に表示すること等により誘引を図る場合がある。また、いわゆるアフィリエイト広告として、仮想通貨交換業者以外の者が顧客を取引用ウェブページ等に誘引することで報酬を得る事例も見られる。これらの行為は、仮想通貨の取引以外の金融サービスの提供に際しても同様に見られるものであるが、従来の「勧誘」とは性質を異にするとも考えられ、今後、横断的な検討が必要と考えられる。なお、認定協会の自主規制規則では、以下のような内容が規定されている。
- 会員が使用するバナー等（第三者が管理するウェブページやメール上に貼付され、会員が指定するウェブページに誘導するための表示）は、広告とみなす。
- 会員は、アフィリエイターが仮想通貨関連取引の勧誘を行うことを誘発させ、又は助長させるおそれのある過度なインセンティブを付与してはならない。

（3）問題がある仮想通貨の取扱い

　　仮想通貨の設計・仕様は様々であり、中には、移転記録が公開されず、マネーロンダリング等に利用されるおそれが高い追跡困難なものや、移転記録の維持・更新に脆弱性を有するものの存在も知られてきている。

　　このため、仮想通貨交換業者において、利用者保護や業務の適正かつ確実な遂行の確保の観点から問題がある仮想通貨を取り扱わないための措置を講じる必要があると考えられる。

　　一方で、仮想通貨の安全性は、その技術的仕様の策定・決定に関与する者の議論やマイニングの状況等により変化し得る。また、技術革新により、従来想定されなかった新たな問題が生じる可能性もあると考えられる。また、こうした変化は急速に生じる可能性がある。

　　こうしたことを踏まえると、問題がある仮想通貨を予め法令等で明確に特定することは困難であることが想定され、行政当局と認定協会が連携し、柔軟かつ機動的な対応を図っていくことが重要である。

　　具体的には、現状、行政当局に対する事後届出の対象とされている仮想通貨交換業者が取り扱う仮想通貨の変更を事前届出の対象とし、行政当局が、必要に応じて、認定協会とも連携しつつ、柔軟かつ機動的な対応を行い得る枠組みとすることが適当と考えられる[19]。

---

[19] 認定協会の自主規制規則には、以下のような内容が規定されており、仮想通貨交換業者が取り扱う仮想通貨については、同規則に基づく適切な対応が図られることが期待される。
・　会員は、新たな仮想通貨の取扱いを開始する場合には、認定協会に対して事前に届け出なければならない。
・　認定協会が取扱いの開始に異議を述べた場合、会員は当該仮想通貨の取扱いを開始してはならない。
・　認定協会は、会員に取扱いを認めた仮想通貨の概要説明書を公表する。
・　会員は、定期的に又は必要に応じて適時に、取り扱う仮想通貨のリスクを検証し直し、取扱いが妥当でないと判断した場合には、当該仮想通貨の取扱いを中止又は廃止しなければならない。

２．仮想通貨の不公正な現物取引への対応

（１）仮想通貨の不公正な現物取引の現状と規制導入の必要性

　　仮想通貨の現物取引[20]を巡っては、例えば、以下のような不公正な取引事案があった、との指摘がある。

・　仮想通貨交換業者に係る未公表情報（新規仮想通貨の取扱開始）が外部に漏れ、情報を得た者が利益を得たとされる事案

・　仕手グループが、SNSで特定の仮想通貨について、時間・特定の取引の場を指定の上、当該仮想通貨の購入をフォロワーに促し、価格を吊り上げ、売り抜けたとされる事案

　　仮想通貨の現物取引と同様に、個人が参加する顧客間の取引の場等が存在する有価証券の取引については、金融商品取引法において、投資者保護及び資本市場の機能の十全な発揮を通じた公正な価格形成の実現の観点から、行為主体を限定せず、以下の行為が罰則付きで禁止されている[21]が、仮想通貨の現物取引については、現状、こうした規制は課されていない。

・　不正行為（不正の手段・計画・技巧、虚偽表示等による取引、虚偽相場の利用）

・　風説の流布、偽計、暴行又は脅迫

・　相場操縦（仮装売買、馴合売買、現実売買・情報流布・虚偽表示等による相場操縦）

・　インサイダー取引

　　仮想通貨の現物取引については、有価証券の取引とは経済活動上の意義や重要性が異なることや、有価証券の取引と同様の不公正取引規制を課した場合に費やされる行政コストを勘案すれば、現時点で、有価証券の取引と同様の規制を課し、同等の監督・監視体制を構築する必要性までは認められない。

---

[20] 仮想通貨の売買・交換をいう。

[21] 金融商品取引法においては、不正行為の禁止及び風説の流布等の禁止については全ての有価証券の取引が対象とされている一方で、相場操縦の禁止については上場有価証券等の取引が、インサイダー取引規制については上場会社等の株式、社債等の取引が、それぞれ対象とされている。

一方で、利用者保護や不当な利得の抑制の観点から、不公正な現物取引を抑止していくための一定の対応は必要と考えられる[22]。

（2）仮想通貨の不公正な現物取引に係る規制の内容

不公正な現物取引を通じて他の利用者に損害が生じることや、不当な利得の取得がなされることを抑止していくためには、まずは、仮想通貨交換業者に対し、不公正な行為の有無についての取引審査を行うとともに、取引審査を通じてそうした行為が判明した場合には、当該行為を行った者に対する取引停止を含めた厳正な対応を求めることが適当と考えられる[23]。

また、実際に不公正な行為を行う者は、仮想通貨交換業者以外の者である場合も多いと想定されることから、実効性確保の観点からは、有価証券の取引に係る不公正取引規制と同様に、行為主体を限定することなく、不公正な行為を罰則付きで禁止することも有効と考えられる。

その場合には、金融商品取引法において全ての有価証券の取引に適用される不正行為の禁止、風説の流布等の禁止と同様の規制に加え、仮想通貨にも「顧客間の取引のマッチングの場」があることを踏まえ、有価証券の取引における相場操縦に相当する行為[24]の禁止も課すことが考えられる。

一方で、インサイダー取引規制については、以下の理由から、現時点で、法令上、禁止すべき行為を明確に定めることは困難と考えられる[25]。

---

[22] 例えば、金融商品取引法においては、行為主体を限定せず、不公正な行為を罰則付きで禁止しているとともに、課徴金や犯則調査に係る規定が整備されている。一方で、商品先物取引法においては、行為主体を限定せず、不公正な行為を罰則付きで禁止しているが、課徴金や犯則調査に係る規定は置かれていない。

[23] こうした対応を可能とするためにも、仮想通貨の価格の透明性の確保や取引履歴の蓄積が重要と考えられる。

[24] 仮想通貨については、「顧客間の取引のマッチングの場」は仮想通貨交換業者毎に存在しているため、何が相場であるかは必ずしも明確ではないことに鑑み、相場操縦に相当する行為について、例えば、「不当な価格の操作」と呼ぶことも考えられる。

[25] 金融商品取引法においては、上場会社等に関する未公表の重要事実を知った会社関係者が、当該重要事実の公表前に、当該上場会社等の有価証券（株式、社債等）の売買

- 多くの仮想通貨には発行者が存在せず、存在する場合であっても、世界各国に点在している可能性もあり、該当者の特定に困難な面があり得ること。
- 仮想通貨の価格の変動要因についての確立した見解がない中で、インサイダー取引規制を課す際に必要となる「顧客の取引判断に著しい影響を及ぼす未公表の重要事実」を予め特定することには困難な面があること。

　ただし、インサイダー取引のような取引に関しては、少なくとも仮想通貨交換業者が把握可能な不公正な取引の抑止や仮想通貨交換業者自身による不公正な行為の防止を図る観点から、仮想通貨交換業者に対し、前述の取引審査の実施に加え、自己が取り扱う仮想通貨に関して有する未公表情報を適切に管理し、当該未公表情報に基づき自己又は他人の利益を図る目的で取引を行わないことを求めることが適当と考えられる。

等を行うことが禁止されており、「会社関係者」や「重要事実」の範囲が、法令上明確に定められている。

３．仮想通貨カストディ業務への対応

（１）仮想通貨カストディ業務の現状と規制導入の必要性

　　現行の資金決済法上、仮想通貨の売買・交換やそれらの媒介・取次ぎ・代理に関して顧客の仮想通貨を管理することは、仮想通貨交換業に該当する。一方で、仮想通貨の売買等は行わないが、顧客の仮想通貨を管理し、顧客の指図に基づき顧客が指定する先のアドレスに仮想通貨を移転させる業務（以下「仮想通貨カストディ業務[26]」）を行う者も存在する[27]が、当該業務は、仮想通貨の売買等を伴わないため、仮想通貨交換業には該当しない。

　　しかしながら、仮想通貨カストディ業務は、顧客の支払・決済手段を管理し、当該支払・決済手段を顧客が指定する者に移転させる行為を行うものであり、以下の点を踏まえると、決済に関連するサービスとして、一定の規制を設けた上で、業務の適正かつ確実な遂行を確保していく必要があると考えられる。

・　仮想通貨カストディ業務については、サイバー攻撃による顧客の仮想通貨の流出リスク、業者の破綻リスク、マネーロンダリング・テロ資金供与のリスク等、仮想通貨交換業と共通のリスクがあると考えられること。

・　仮想通貨はインターネットを介して容易にクロスボーダーで移転が可能であり、国際的に協調した対応が重要であるところ、2018 年 10 月に、仮想通貨カストディ業務を行う業者についても、マネーロンダリング・テ

---

[26] 「ウォレット業務」と呼ばれる場合もある。なお、顧客の仮想通貨の管理の方法としては、例えば、以下のようなものが考えられる。
・　顧客の仮想通貨アドレスに対応した（仮想通貨の移転に必要な）秘密鍵を業者が管理する方法。
・　顧客の仮想通貨アドレスから、業者が秘密鍵を管理する業者の仮想通貨アドレスに、仮想通貨の移転を受けて管理する方法。

[27] 海外には、広く仮想通貨カストディ業務を展開する業者が存在している。現状、国内で広く仮想通貨カストディ業務を展開する国内の専業業者は把握されていないが、仮想通貨交換業者の中には、仮想通貨の売買等ができないタイプのウォレットサービスを顧客に提供する者も存在している。

ロ資金供与規制の対象にすることを各国に求める旨の改訂 FATF 勧告が採択されたこと[28]。

（2）仮想通貨カストディ業務に係る規制の内容

仮想通貨カストディ業務のリスクや国際協調の必要性を踏まえれば、仮想通貨カストディ業務を行う業者について、仮想通貨交換業者に求められる対応のうち、顧客の仮想通貨の管理について求められる以下のような対応と同様の対応を求めることが適当と考えられる[29]。

- 登録制
- 内部管理体制の整備
- 業者の仮想通貨と顧客の仮想通貨の分別管理
- 分別管理監査、財務諸表監査
- 仮想通貨流出時の対応方針の策定・公表、弁済原資の保持
- 顧客の仮想通貨の返還請求権を優先弁済の対象とすること
- 利用者保護や業務の適正かつ確実な遂行に支障を及ぼすおそれがあると認められる仮想通貨を取り扱わないこと
- 顧客の本人確認、疑わしい取引の行政当局への届出

---

[28] FATF 勧告では、"safekeeping and/or administration of virtual assets or instruments enabling control over virtual assets" も規制対象とすべきとされている。

[29] 仮想通貨カストディ業務には様々な形態のものが想定されるところ、異なるリスクレベルに応じて適切な規制を課していくためにも、規制対象となる業務の範囲を明確にしていくことが重要との意見があった。

４．仮想通貨デリバティブ取引等への対応

（１）仮想通貨デリバティブ取引の現状と規制導入の必要性

　　現在、半数近くの仮想通貨交換業者において、仮想通貨の証拠金取引[30]が提供されている。これは、仮想通貨を原資産とするデリバティブ取引（以下「仮想通貨デリバティブ取引」）の一形態であり、今後、更に新たなデリバティブ取引の類型が登場することも想定される。

　　2017年度において、仮想通貨デリバティブ取引は、仮想通貨交換業者を通じた国内の仮想通貨取引全体の約８割を占めている中、仮想通貨交換業者におけるシステム上の不備やサービス内容の不明確さ等に起因する利用者からの相談が、金融庁に対して相当数寄せられている。

　　また、多くの主要国が仮想通貨デリバティブ取引を金融規制の対象としている中、現状、我が国においては金融規制の対象とはされていない。一方で、現行の金融商品取引法においても、原資産の如何を問わず、デリバティブ取引を金融規制の対象とし得る枠組みは存在している。

　　仮想通貨デリバティブ取引については、原資産である仮想通貨の有用性についての評価が定まっておらず、また、現時点では専ら投機を助長している、との指摘もある中で、その積極的な社会的意義を見出し難い。

　　しかしながら、既に、国内において相当程度の仮想通貨デリバティブ取引が行われており、利用者からの相談も相当数寄せられている現状を踏まえれば、仮想通貨デリバティブ取引については、これを禁止するのではなく、適正な自己責任を求めつつ、一定の規制を設けた上で、利用者保護や適正な取引の確保を図っていく必要があると考えられる。

（２）仮想通貨デリバティブ取引に係る規制の内容

ア．デリバティブ取引であることを踏まえた対応

---

[30] 顧客が業者に証拠金として金銭や仮想通貨を預託し、業者指定の倍率を上限にレバレッジをかけて仮想通貨の取引を行った後に反対取引を行い、金銭や仮想通貨の差分の授受により決済を行う取引をいう。

16

　原資産の如何を問わず、デリバティブ取引は同様の経済的機能やリスクを有するものと考えられることから、仮想通貨デリバティブ取引についても、少なくとも、他のデリバティブ取引と同様の業規制[31]を適用することが基本と考えられる。

　ただし、仮想通貨の証拠金取引における証拠金倍率については、現状、最大で 25 倍を採用している業者も存在するところ、仮想通貨の価格変動は法定通貨よりも大きいことを踏まえ、実態を踏まえた適切な上限を設定することが適当と考えられる[32]。

　なお、仮想通貨デリバティブ取引については、上記のとおり積極的な社会的意義を見出し難いこと等を踏まえれば、これを金融商品取引所のような多数の市場参加者による取引が可能な場で取り扱う必要性は、現時点では認められないと考えられる。

イ．仮想通貨の特性等を踏まえた追加的な対応

　仮想通貨デリバティブ取引は、例えば、仮想通貨の特性についての顧客の認識不足、問題がある仮想通貨の取扱い等、仮想通貨の現物取引と共通の課題が内在した取引である。

---

[31] 例えば、いわゆる外国為替証拠金取引（FX 取引）を行う業者は、第一種金融商品取引業者として、最低資本金・純財産額規制、業務管理体制の整備義務、広告規制、虚偽告知・不招請勧誘の禁止、契約締結前書面等の顧客への交付・説明義務、顧客財産と自己財産の分別管理義務、証拠金倍率・ロスカット規制等が法令上課されている。

[32] 証拠金倍率の上限については、EU における規制で 2 倍とされていることや、ビットコインの先物取引が行われているシカゴ・マーカンタイル取引所（CME）とシカゴ・オプション取引所（CBOE）で約 2 倍（2017 年 12 月時点）とされていることも踏まえて、2 倍とすることを基本に検討すべきとの意見があった。また、取引の対象となる仮想通貨の種類毎にボラティリティ等を勘案して適切な証拠金倍率を検討していく必要があるという意見があった一方で、複雑な規制とならないように一律の証拠金倍率とすべきとの意見もあった。なお、認定協会の自主規制規則では、証拠金倍率について、原則として一律 4 倍（ただし、自主規制規則の施行（2018 年 10 月 24 日）から 1 年間は、利用者の損失の発生状況等を勘案し、未収金の発生防止に適う値も選択可能）とする旨が規定されている。

　このため、仮想通貨の特性を踏まえて仮想通貨交換業者に求められる対応は、仮想通貨デリバティブ取引を業として行う者に対しても同様に求めることが適当と考えられる。

　また、仮想通貨デリバティブ取引については、その積極的な社会的意義を見出し難い中で、過当な投機を招くおそれがある取引でもあることから、資力や知識が十分でない個人にそうした害悪が及ぶことがないよう、業者に対し、以下のような対応を求めることが適当と考えられる。

・　最低証拠金（取引開始基準）の設定
・　資力[33]等に照らして取引を行うことが不適切と認められる顧客との取引を制限するための措置
・　顧客に対する注意喚起の徹底

（3）仮想通貨信用取引への対応

　現在、複数の仮想通貨交換業者において、仮想通貨の信用取引[34]（以下「仮想通貨信用取引」）が提供されているところ、仮想通貨の売買・交換を業として行うことは資金決済法の規制対象とされているが、仮想通貨信用取引自体に対する金融規制は設けられていない。

　一方で、仮想通貨信用取引は、仮想通貨の現物取引か想定元本の取引かという差異はあるものの、元手資金（保証金）にレバレッジを効かせた取引を行う点で、仮想通貨の証拠金取引と同じ経済的機能やリスクを有するものと考えられる。

　このため、仮想通貨信用取引については、仮想通貨の証拠金取引と同様の規制の対象とすることが適当と考えられる。

---

[33] 資力については、学生等の収入がない者が取引に参加できないよう、年収等の基準を規定する必要があるのではないかとの意見があった。なお、認定協会の自主規制規則においては、会員は、特段の事情がない限り、未成年者を対象として証拠金取引を行ってはならない旨が規定されている。

[34] 顧客が業者に保証金として金銭や仮想通貨を預託し、業者指定の倍率を上限に業者から仮想通貨を借り入れ、それを元手として仮想通貨の売買・交換を行う取引をいう。

5．ICO への対応

（1）ICO の現状と対応の方向性

ア．ICO による資金調達の現状

　　ICO（Initial Coin Offering）について、明確な定義はないが、一般に、企業等がトークンと呼ばれるものを電子的に発行して、公衆から法定通貨や仮想通貨の調達を行う行為を総称するものとされている[35]。

　　国内における ICO の事例はあまり多く見られず、また、ICO による資金調達額に関する公的なデータは国内外に存在しないが、一部の民間情報サイト[36]のデータによると、2017 年の全世界における ICO による資金調達額は約 55 億ドル、2018 年は 1 月から 10 月末までで約 167 億ドルとされている[37]。

　　こうした ICO については、グローバルに資金調達ができる、中小企業が低コストで資金調達ができる、流動性を生み出せるなど、既存の資金調達手段にはない可能性があるとの評価もなされている一方で、以下のような問題を指摘されることも多い。

- ・ICO を有効に活用したとされる事例があまり見られない。
- ・詐欺的な事案や事業計画が杜撰な事案も多く、利用者保護が不十分である。
- ・株主や他の債権者等の利害関係者の権利との関係も含め、トークンを保有する者の権利内容に曖昧な点が多い。

---

[35] ICO については、明確な定義がないため、例えば、投資性を有するものについては STO（Security Token Offering）等の他の呼び方が一般的となる可能性も含め、今後の展開は必ずしも見通し難い面があるが、本研究会で検討された内容は、呼び方の如何を問わず、電子的に発行されたトークンを用いて資金調達を行う行為全般に妥当するものと考えられる。

[36] 例えば、coindesk 等の民間情報サイトが存在する。

[37] 出所：coindesk.com。なお、2017 年の全世界における IPO（Initial Public Offering：新規の株式公開）による資金調達額は約 1,880 億ドルとされている（出所：EY Global IPO Trends 2017 4Q）。

- 多くの場合、トークンの購入者はトークンを転売できれば良いと思っている一方、トークンの発行者は資金調達ができれば良いと思っており、規律が働かず、モラルハザードが生じやすい。

また、ICO は、その設計の自由度が高いことから様々なものがあると言われているが、トークンの購入者の視点に立った場合には、以下のような分類が可能と考えられる。

- 発行者が将来的な事業収益等を分配する債務を負っているとされるもの（投資型）
- 発行者が将来的に物・サービス等を提供するなど、上記以外の債務を負っているとされるもの（その他権利型）
- 発行者が何ら債務を負っていないとされるもの（無権利型）

イ．ICO に係る規制の現状

諸外国では、一部の国で ICO を禁止する動きもみられるが、多くの主要国では、ICO のうち、投資性を有すると認められるものについては、既存の証券規制の適用対象となり得る旨を明確化し、注意喚起や規制に基づく行政上の措置等を実施している[38]。

我が国においても、2017 年 10 月に、行政当局より、利用者に対して、ICO のリスクについて注意喚起がなされるとともに、事業者に対して、ICO の仕組みによっては、金融商品取引法や資金決済法の規制対象になり得る旨が示されている。具体的には、以下のような適用関係となると考えられる。

- 金融商品取引法との関係では、ICO において発行されるトークンの購入者が発行者からの事業収益の分配等を期待し、かつ、下記①又は②を満たす場合、当該トークンが表章するとされる権利（以下「トークン表

---

[38] こうした対応に加えて、一部の国では、投資性を有するとは認められない ICO についても、それに特化した規制を検討する動きもみられる。

示権利」）は金融商品取引法上の集団投資スキーム持分[39]に該当すると考えられる。

① 法定通貨で購入されること。

② 仮想通貨で購入されるが、実質的には、法定通貨で購入されるものと同視されること。

・ 資金決済法との関係では、ICO において発行されるトークンが、下記①又は②を満たし、かつ、法定通貨建て[40]でない場合、当該トークンは資金決済法上の仮想通貨に該当すると考えられる。

① 不特定の者に対して代価の弁済に使用でき、かつ、不特定の者を相手に法定通貨と相互に交換できること。

② 不特定の者を相手に仮想通貨と相互に交換できること。

ウ．ICO への対応の方向性

ICO については、様々な問題が指摘されることが多い一方で、将来の可能性も含めた一定の評価もあることを踏まえれば、現時点で禁止すべきものと判断するのではなく、適正な自己責任を求めつつ、規制内容を明確化した上で、利用者保護や適正な取引の確保を図っていくことを基本的な方向性とすべきと考えられる。

また、ICO については、技術上、トークンの流通を図ることが容易であるなどの特徴が認められるところであるが、同様の経済的機能やリスクを有する場合には同様の規制を適用することを基本としつつ、ICO の機能やリスクに応じた規制の対象とすることが重要と考えられる。

---

[39] 金融商品取引法において、出資又は拠出をした金銭を充てて行う事業から生ずる収益の配当又は当該事業に係る財産の分配を受けることができる権利と規定されている。

[40] 資金決済法上、「通貨建資産」（法定通貨をもって表示され、又は法定通貨をもって債務の履行、払戻し等が行われる資産）は、仮想通貨の定義から除外されている。例えば、資金決済法上の前払式支払手段は、一定の場合に金銭による払戻しが求められるものであることから「通貨建資産」に該当する。なお、発行者が固定された法定通貨建ての価値で換金を保証するようなもの（ステーブルコインと呼ばれる場合がある）については、「通貨建資産」として、資金決済法上の仮想通貨には該当しないとの整理で良いか、資金移動業（為替取引）に係る規制等との関係も含め、引き続き検討していく必要があるのではないかとの意見があった。

その際、ICO の性格に応じて、投資商品の販売と認められるものについては投資に関する金融規制を、支払・決済手段の販売と認められるものについては決済に関する規制を、それぞれ参考としながら、必要な対応を行うことが適当と考えられる。

（2）ICO に係る規制の内容

ア．投資に関する金融規制を要する ICO に係る規制の内容

ICO のうち、投資性を有するもの[41]には、以下のような特徴があると考えられる。

・　トークン表示権利は、トークンとともに電子的に移転するものと考えられており、事実上の流通性が高い。

・　設計の自由度が高く、トークンの発行時・発行後ともに、発行者と投資家との間の情報の非対称性が大きい。

・　対面によらずに、インターネットを通じて投資家を募るため、トークンの発行者や販売者による投資家へのアプローチが容易である一方、投資家が詐欺的な事案等を判別しづらい。

こうした特徴は、いずれも投資家にリスクを生じさせるものであることから、以下のような仕組みが必要となると考えられる。

・　発行者と投資家との間の情報の非対称性を解消するための、継続的な情報提供（開示）の仕組み

・　詐欺的な事案等を抑止するための、第三者が発行者の事業・財務状況についてのスクリーニングを行い得る仕組み

・　不公正な行為の抑止を含め、トークンの流通の場における公正な取引を実現するための仕組み

・　発行者と投資家との間の情報の非対称性の大きさ等に応じて、トークンの流通の範囲等に差を設ける仕組み

---

[41] トークンの購入者が事業収益の分配等を期待する、いわゆるエクイティ型のスキームだけではなく、一定の利息の支払いと元本の償還を期待する、いわゆるデッド型のスキームについても、投資に関する金融規制の対象とすべきではないかとの意見もあった。

22

　なお、上記（1）で述べたとおり、現行の金融商品取引法においては、トークン表示権利が仮想通貨で購入された場合には、必ずしも規制対象とはならない。

　しかしながら、購入の対価が私的な決済手段である仮想通貨であったとしても、法定通貨で購入される場合とその経済的効果に実質的な違いがあるわけではないことを踏まえれば、仮想通貨で購入される場合全般を規制対象とすることが適当と考えられる[42]。また、このことは、トークン表示権利の購入に限らず、集団投資スキーム持分の購入についても、同様に妥当するものと考えられる[43]。

（ア）情報提供（開示）の仕組み

　例えば、金融商品取引法においては、開示規制の対象となる有価証券が規定されており、その中でも広く流通する蓋然性が高いと考えられる有価証券（第一項有価証券）とその蓋然性が低い有価証券（第二項有価証券）とに分けられている。トークン表示権利は、事実上多数の者に流通する可能性があるため、前者（第一項有価証券）と同様に整理することが適当と考えられる。

　また、金融商品取引法においては、有価証券の募集（公募）に該当する場合には、有価証券届出書（発行開示）や有価証券報告書（継続開示）のような公衆縦覧型[44]の開示規制が課されている。一方で、有価証券の公募に該当しない場合（私募の場合）には、転売制限がかかることを前提

---

[42] 仮想通貨に限らず、金銭類似の対価性を有するものによる購入全般が規制対象となり得るようにしておくべきではないかとの意見もあった。

[43] 集団投資スキーム持分の購入にとどまらず、同様の機能・リスクを有する取引には、同様の規制を適用するという観点から、金銭に代わって仮想通貨が用いられる場合に、金銭が用いられる場合と同様の取扱いとしていくべき取引がないか、取引の実態にも留意しながら、検討していく必要があると考えられる。

[44] ICOについては、会計のルール等も必要との意見があった。

として、公衆縦覧型の開示規制の対象外となる。トークン表示権利についても、これと同様に整理することが適当と考えられる[45]。

投資性を有する ICO に係るトークン表示権利は、これまでのところ、投資対象を一定の限定された範囲の事業・資産とし、当該事業等から生じた収益を分配することを内容とするものが一般的であるが、投資対象の範囲が発行者の既存事業に及び、その収益を分配するものも想定される。トークン表示権利の開示内容については、既存の開示規制と同様に、その性質に応じた形で整理していくことが適当と考えられる。

（イ）第三者による事業・財務状況のスクリーニングの仕組み

投資家が適切な投資判断を行うためには、キャッシュフローの裏付けとなる事業の実現可能性等が客観的に確認されることが重要である。既存の資金調達では、例えば、IPO に伴う元引受けでは主幹事証券会社（第一種金融商品取引業者）が、株式投資型クラウドファンディングでは仲介を行う業者（第一種少額電子募集取扱業者等）が、それぞれ法令上の審査義務を負い、自主規制規則において具体的な審査項目が定められている[46]。

ICO についても、こうした対応の必要性が変わるものではなく、詐欺的な事案の抑止や内容が曖昧なトークン表示権利の発行・流通の防止の観点からも、第三者が発行者の事業・財務状況を審査する枠組みを構築することが適当と考えられる。

また、例えば、金融商品取引法においては、有価証券を取り扱う業者は、取り扱う有価証券の流通性の高低に応じ、第一種金融商品取引業者と第二種金融商品取引業者に分けられ、業規制が課されている。

---

[45] トークン表示権利の販売を適格機関投資家私募（いわゆるプロ私募）等の形態で行う場合には、プロトコルによる禁止等を含め、転売制限の実効性を担保することが重要と考えられる。

[46] 株式投資型クラウドファンディングの場合、インターネットを通じて非対面で行われる資金調達であるという特性を踏まえ、発行者や事業の実在性、事業計画の妥当性等についても審査が行われている。

ICO におけるトークン表示権利を取り扱う業者は、事実上多数の者に流通する可能性がある権利を取り扱うことから、前者（第一種金融商品取引業者）と同様に整理した上で、当該業者に対し、発行者の事業・財務状況の審査を適切に実施していくことを求めることが適当と考えられる。

なお、ICO においては、発行者が自らトークン表示権利の取得勧誘を行ういわゆる自己募集が多いとされる。詐欺的な事案の抑止等の必要性を踏まえると、第三者による審査を経ることが最も望ましいが、集団投資スキーム持分等については、第二種金融商品取引業者としての登録を受けることを前提に自己募集が認められていることも踏まえ、トークン表示権利の自己募集についても、禁止するのではなく、適切に規制の対象としていくことが考えられる。

具体的には、集団投資スキーム持分等の自己募集と同様に、発行者に業登録を求め、広告・勧誘規制やトークン表示権利の内容等についての説明義務等の行為規制を課すことを通じて、一定の投資家保護を図っていくことが適当と考えられる[47]。

（ウ）公正な取引を実現するための仕組み

例えば、株式の流通の場や形態としては、自主規制を含む規制の柔構造化により、金融商品取引所、PTS（Proprietary Trading System：私設取引システム）[48]、特定取引所金融商品市場（いわゆるプロ向け市場）、認可金融商品取引業協会である日本証券業協会（以下「日証協」）の自主規制規則に基づく株主コミュニティ銘柄の店頭取引、証券会社（第一種金融商品取引業者）におけるその他の店頭取引等が存在している[49]。

---

[47] トークン表示権利の自己募集を業規制の対象とすることにより、行政当局が必要に応じて監督上の対応を行うことも可能となる。

[48] 現在、株式PTSでは、非上場株式の取扱いは認められていない。

[49] このほか、制度上は、日証協が開設可能な店頭売買有価証券市場（旧ジャスダック。現在は存在しない）及び日証協の自主規制規則に基づく店頭取扱有価証券（フェニックス銘柄。現在は指定なし）の店頭取引が存在する。

　トークン表示権利については、その特徴を踏まえたとしても、これら以外に、独自の流通の場や形態を予め用意すべき特段の理由はなく、また、例えば、上場[50]を制度的に禁止するなど、これらの流通の場や形態の一部を利用できないようにすべき特段の理由もないと考えられる[51]。

　また、トークン表示権利の取引について、公正な取引の実現の観点から不公正な行為を抑止する必要性は、有価証券の取引と変わるものではないと考えられる。したがって、有価証券の取引に適用される不公正取引規制については、基本的にはトークン表示権利の取引にも同様に適用することが適当と考えられる[52]。

　ただし、インサイダー取引規制については、有価証券の取引の場合には、重要事実が予め類型化され、その公表に関しては金融商品取引所の自主規制規則に基づく会社情報の適時開示制度の存在を前提として規制が設けられている[53]。一方で、トークン表示権利については、その設計の自由度が高い中で、何が投資家の投資判断に著しい影響を及ぼす重要事実に該当するかは現時点で明らかであるとは言い難い。

　このため、トークン表示権利の取引へのインサイダー取引規制の適用については、事例の蓄積や適時開示の充実等が図られた後に改めて検討することが適当と考えられる。

---

[50]　一般に、ICO において発行されたトークンが仮想通貨交換業者で取り扱われることをもって「上場」と呼ばれることがあるが、金融商品取引法上の金融商品取引所への上場とは全く意味合いが異なることに留意が必要である。

[51]　金融商品取引所に上場されるトークン表示権利の発行は、当座は見出し難いと考えられるが、トークン表示権利については、今後も新たな形態での流通が生まれる可能性も考えられることから、取引の実態を注視していく必要があると考えられる。

[52]　金融商品取引所に上場されていないトークン表示権利であっても、事実上の流動性が高く、取引を通じて価格形成が行われるものである以上、相場操縦に相当する行為（不当な価格操作）を禁止することも考えられるのではないかとの意見もあった。

[53]　脚注 25 で述べたとおり、金融商品取引法におけるインサイダー取引規制は、上場会社等に関する未公表の重要事実を知った会社関係者が、当該重要事実の公表前に、当該上場会社等の有価証券（株式、社債等）の売買等を行うことを禁止しており、「会社関係者」や「重要事実」の範囲が、法令上明確に定められている。

（エ）トークンの流通の範囲に差を設ける仕組み

例えば、未公開株詐欺が社会問題となってきた非上場株式については、日証協が、自主規制規則により適格機関投資家以外への勧誘を制限しており[54]、一般投資家に広く流通することは想定されていない。

ICOについても、詐欺的な事案が多いなどの指摘があることを踏まえ、例えば、金融商品取引所に上場されている場合のように、第三者による適切な審査を経ているなどの利用者保護の観点からの特段の措置が講じられていない限り、トークン表示権利の勧誘[55]を非上場株式の場合と同様に制限し、一般投資家への流通を一定程度抑止することが考えられる[56]。また、トークン表示権利の事実上の流通性の高さを踏まえれば、自己募集の場合にも同様に勧誘を制限することが適当と考えられる。

イ．決済に関する金融規制を要するICOに係る規制の内容

上記1．（3）で述べたとおり、仮想通貨交換業者においては、利用者保護や業務の適正かつ確実な遂行に支障を及ぼすおそれがある仮想通貨を取り扱わないための措置を講じる必要があると考えられるところ、仮想通貨に該当するトークンであってもその必要性が変わるものではない。

---

[54] 日証協は、制限の趣旨について、非上場株式は「ディスクロージャー及び会計監査が求められておらず、投資判断に必要な情報が適切に提供されているとは言い難いことから、本協会では、証券会社が投資者に対して非上場株式の投資勧誘を行ってはならないこととしている」としている。なお、例えば、以下の勧誘は制限されていない。
・ 日証協の自主規制規則に基づく、店頭取扱有価証券（フェニックス銘柄）の勧誘
・ 日証協の自主規制規則に基づく、株主コミュニティ銘柄のコミュニティ参加者への勧誘
・ 株式投資型クラウドファンディングの実施時における勧誘

[55] 脚注18で述べた仮想通貨の取引の場合と同様に、ICOにおいては、発行者や販売者がいわゆるターゲティング広告やアフィリエイト広告を通じて投資家を誘引する事例も見られる。

[56] 発行者と購入者の仲介を行う者に第一種金融商品取引業者並みの規制が、自己募集を行う者に第二種金融商品取引業者並みの規制が、それぞれ適用されることを前提とした上で、例えば、自主規制規則で開示規制の対象外となる少人数私募を認めないなどの対応が図られれば、必ずしも一般投資家への勧誘を制限する必要はないと考えられるのではないかとの意見もあった。

　このため、仮想通貨に該当するトークンを含め、発行者が存在する仮想通貨については、利用者保護の観点から、仮想通貨交換業者[57]に対し、発行者に関する情報、発行者が仮想通貨の保有者に対して負う債務の有無・内容、発行価格の算定根拠等を顧客に提供することを求めることが適当と考えられる[58]。さらに、ICO の場合には、これらに加え、発行者が作成した事業計画書、事業の実現可能性、事業の進捗等の情報についても、その客観性・適切性[59]に留意しつつ、顧客に提供することを求めることが適当と考えられる[60]。

　なお、ICO については、詐欺的な事案や事業計画が杜撰な事案が多い、との指摘があることから、仮想通貨交換業者においては、仮想通貨に該当するトークンの取扱いに際しては、特に厳正な審査を行った上で、問題がないと判断したもの以外は取り扱わない対応の徹底が求められる[61]。また、行政当局においても、ICO については、トークンの購入者が自己責任で十分に注意する必要があることについて繰り返し注意喚起を行っていくことが重要で

---

[57] 発行者が存在する仮想通貨については、発行者が業として当該仮想通貨を販売する場合には、仮想通貨交換業に該当すると考えられる。一方で、仮想通貨交換業者が発行者の依頼に基づき販売を行い、発行者がその販売を全く行わない場合には、発行者の行為は基本的に仮想通貨交換業に該当しないと考えられる。

[58] 現行の資金決済法上、仮想通貨交換業者には、顧客に以下のような情報を提供することが求められている。
・　利用者の取引判断に影響を及ぼすこととなる重要な事由を直接の原因として損失が生ずるおそれがあるときは、その旨及びその理由
・　その他取引の内容に関し参考となると認められる事項

[59] 事業の実現可能性や事業の進捗等の情報を提供することにより、顧客に根拠のない期待を抱かせないように注意する必要があるとの意見があった。

[60] 顧客への情報提供の内容の充実を含め、投資性を有する ICO に係る規制との差を生じさせないようにしていく必要があるとの意見があった。一方で、例えば、発行者に対して物品やサービスを要求できる権利は、物品やサービスを前払いで購入するものであり、有価証券に投資した者に対する保護とは異なる問題であるとの意見や、最低限の消費者保護は必要となると考えられるが、抜本的に新たな枠組みを構築するのではなく、既存の規制を厳格に適用した上で、問題事例があれば個別に対処して、消費者向けに注意を喚起するというアプローチもあるとの意見もあった。

[61] 認定協会は、ICO に関する自主規制規則として、仮想通貨に該当するトークンについて、その内容の如何を問わず、対象事業の適格性・実現可能性の審査義務、販売開始時・終了時・終了後の継続的な情報提供の義務等を規定することを検討している。

ある[62]。加えて、金融規制に基づく対応のみでは限界があることも想定されることから、消費者関連機関を含む関係者には、問題事案の性質に応じて、利用者保護の観点から、適切な対応を講じていくことを期待したい。

---

[62] ICO に関しては、国内で事業を行う発行者が、仮想通貨に該当するトークンを発行するとともに、国内の居住者向けにその内容や購入方法を宣伝しつつ、国内で無登録の海外の業者を通じて当該トークンを販売している事例もあるとされており、監督上、無登録営業についての適切な対応も重要と考えられる。なお、無登録業者との取引を原則無効とする規定や裁判所による禁止・停止命令を可能とする規定を整備することも考えられるのではないかとの意見もあった。

６. 業規制の導入に伴う経過措置のあり方

　　仮想通貨交換業への規制導入時には、施行前から業務を行っていた者に対して、施行と同時に業務の継続を認めないこととした場合には、利用者に混乱や不利益を生じさせるおそれがあること等を踏まえ、一定期間、いわゆるみなし業者として業務を継続し得る経過措置[63]が設けられた。

　　しかしながら、こうした経過措置については、その適用を受けている期間中に、みなし業者が積極的な広告を行って事業を急拡大させた、との指摘や、多くの顧客が、取引の相手がみなし業者であることやその意味を認識していなかった、との指摘がある。

　　今後、本報告書に沿って、仮想通貨デリバティブ取引等について業規制を導入する際に、仮想通貨交換業への規制導入時に設けられたようなみなし業者に係る経過措置を設ける場合には、当該みなし業者に対し、以下のような対応を求めることが適当と考えられる。

・　業務内容や取り扱う仮想通貨等の追加を行わないこと。

・　新規顧客の獲得を行わないこと（少なくとも、新規顧客の獲得を目的とした広告・勧誘を行わないこと）。

・　ウェブサイト等に、登録を受けていない旨[64]や、登録拒否処分等があった場合には業務を廃止することとなる旨を表示すること。また、登録の見込みに関する事項を表示しないこと。

　　また、こうした対応に加え、みなし業者としての期間の長期化を回避するとともに、予見可能性を高める観点から、みなし業者として業務を行うことができる期間について、一定の期限を設けることも考えられる。

---

[63] 具体的には、以下のような内容の経過措置が設けられた。
・　法施行の際、現に新たに規制対象となる業務を行っていた者は、施行後６か月間は登録なしに当該業務を行うことができる（ただし、規制対象業者とみなされ行為規制の適用を受ける）。
・　６か月以内に登録の申請をした場合には、６か月経過後も、当該申請について登録又はその拒否処分や業務廃止命令を受けるまでは、上記と同様、規制対象業者とみなされ行為規制が適用される一方で、当該業務を行うことができる。

[64] 登録を受けていない旨の表示については、共通マークの策定等も含め、誰もが明確かつ確実に分かる方法によることが重要との意見があった。

7. 「仮想通貨」から「暗号資産」への呼称変更

　仮想通貨交換業への規制導入時において、以下の理由により、資金決済法上「仮想通貨」の呼称が用いられた経緯がある。
・　FATF や諸外国の法令等で用いられていた"virtual currency"の邦訳であること。
・　日本国内において「仮想通貨」という呼称が広く一般的に使用されていたこと。

　一方で、最近では、国際的な議論の場において、"crypto-asset"（「暗号資産」）との表現が用いられつつある[65]。また、現行の資金決済法において、仮想通貨交換業者に対して、法定通貨との誤認防止のための顧客への説明義務を課しているが、なお「仮想通貨」の呼称は誤解を生みやすい、との指摘もある。
　こうした国際的な動向等を踏まえれば、法令上、「仮想通貨」の呼称を「暗号資産」に変更することが考えられる。

---

[65] 例えば、G20 ブエノスアイレス・サミット（2018 年 11 月 30 日-12 月 1 日）の首脳宣言においても、以下のように、"crypto-asset"との表現が用いられている。
　"We will regulate crypto-assets for anti-money laundering and countering the financing of terrorism in line with FATF standards and we will consider other responses as needed."

おわりに

　以上が、本研究会における検討の結果である。本報告書は、仮想通貨を取り巻く環境が変化を続ける中で生じてきた諸問題について、必要な制度的な対応の方向性を示したものである。今後、関係者において、本報告書に示された考え方を踏まえ、実現可能なものから速やかに適切な対応が図られることを期待する。また、仮想通貨に関する取引に適用されるルールが明確化される中で、歪みのない形で、今後のイノベーションの可能性が追求されることも期待される。

　制度的な対応の検討に当たっては、将来の環境変化にも対応していくことができるよう、できる限り柔軟な制度設計を図っていく視点が重要である。本研究会においても、こうした視点から、現時点における仮想通貨に関する取引の実態をベースに、可能な限り、将来を見据えた検討を行ってきたところである。

　しかしながら、日々目覚ましい変化を遂げるこの分野において、今後の環境変化を先回りして、あらゆる事態に対応した制度を構築することには困難な面がある。また、仮想通貨を巡っては、現時点で把握できていない新たな問題が生じることや、技術の進歩等を通じて、これまで想定できなかったより効果的な対応が可能となることも想定されることから、今後の取引の実態を見ることなく、予め制度的な対応を決定することが必ずしも適当ではない場合もあると考えられる。

　このため、引き続き、取引の実態を適切に把握していくととともに、イノベーションに配意しつつ、利用者保護を確保していく観点から、リスクの高低等に応じて規制の柔構造化を図ることを含め、必要に応じて更なる検討・対応を行っていくことが重要である。

　また、仮想通貨に関する取引は、インターネットを通じてクロスボーダーで行うことが容易であることから、一国だけでの対応には限界があり、国際的な協力が不可欠と考えられる。

　さらに、利用者においても、仮想通貨に関する取引を行う場合には、仮想通貨については、いまだ私法上の位置付けが不明確であり、利用者保護の枠組みの整備にも限界があること等を理解し、一定の自己責任を認識することが望まれる。

　行政や業界の関係者には、今後とも、仮想通貨交換業等の適正化を図っていく観点から、不断の取組みを行っていくことを望みたい。

金融審議会

「金融制度スタディ・グループ」

金融機関による情報の利活用に係る

制度整備についての報告

平成 31 年 1 月 16 日

金融審議会「金融制度スタディ・グループ」メンバー等名簿

平成 31 年 1 月 16 日現在

座　　　長	岩原　紳作	早稲田大学大学院法務研究科教授
メンバー	岩下　直行	京都大学公共政策大学院教授
	植田　健一	東京大学経済学部准教授 （公共政策学連携研究部兼経済学研究科）
	大野　英昭	アクセンチュア株式会社特別顧問
	翁　　百合	株式会社日本総合研究所理事長
	加毛　明	東京大学大学院法学政治学研究科准教授
	神作　裕之	東京大学大学院法学政治学研究科教授
	神田　秀樹	学習院大学大学院法務研究科教授
	後藤　元	東京大学大学院法学政治学研究科准教授
	坂　勇一郎	弁護士（東京合同法律事務所）
	田中　正明	公益財団法人米日カウンシル評議員会副会長
	戸村　肇	早稲田大学政治経済学術院准教授
	永沢　裕美子	Foster Forum 良質な金融商品を育てる会世話人
	福田　慎一	東京大学大学院経済学研究科教授
	舩津　浩司	同志社大学法学部教授
	松井　秀征	立教大学法学部法学科教授
	森下　哲朗	上智大学法科大学院教授
オブザーバー	全国銀行協会	国際銀行協会　　　　日本証券業協会
	個人情報保護委員会	消費者庁　　　　　　法務省
	財務省	経済産業省　　　　　日本銀行

（敬称略・五十音順）

2

1．情報の利活用の社会的な進展とそれに伴う課題

　近年、情報通信技術の飛躍的な発展等を背景に情報の利活用が社会的に進展し、金融と非金融の垣根を超えた情報の利活用により、一般事業会社やフィンテック事業者を中心に、従来は存在しなかった利便性の高いサービスを提供する者が出現しつつある。

　こうした動きは、利用者利便の向上やイノベーションの促進の観点から基本的には望ましいものと考えられ、一般事業会社、フィンテック事業者、伝統的な金融機関のいずれの主体であれ、情報の利活用に取り組んでいくことは自然な流れとなっている。

　他方、こうした動きが拡大していく中で留意すべき点として、以下の2点が考えられる。

① 　情報に関連するルールのあり方
② 　情報の利活用の社会的な進展を踏まえた伝統的な金融機関の業務範囲規制のあり方

　第1に、情報に関連するルールのあり方についてである。情報の適切な取扱いを確保することは金融分野において重要であり、これに関しては、本スタディ・グループにおける議論においても、例えば以下のように、様々な意見があったところである。

- 　情報の利活用の社会的な進展を踏まえ、個人情報の保護の観点からルールの再検討を行うことが必要ではないか
- 　情報に関連するルールを考える際には、情報の保護と利活用との両立を一層図っていく観点が重要ではないか

　こうした、情報に関連するルールのあり方について具体的な検討を進めることは、本スタディ・グループの役割を超えることとなる。また、この問題は必ずしも金融分野に限定されるものではなく、分野横断的に検討を行うことが必要であると考えられるところ、情報の利活用の社会的な進展の今後の状況も踏まえつつ、また、本スタディ・グループにおける議論も参考に、関係者において、適切な対応が進められていくことを期待する。

　第2に、情報の利活用の社会的な進展を踏まえた伝統的な金融機関の業務範囲規制のあり方についてである。業務範囲に関して厳格な制限が存在する銀行、保険会社、第一種金融商品取引業者等[1]は、一般事業会社等による情報の利活用が進展する中で変化を迫られている。伝統的な金融機関が、こうした社会全体の変化に適切に対応していく環境を整備するため、業務範囲規制について見直しの検討を行うことが適当である。

2．情報の利活用の社会的な進展を踏まえた伝統的な金融機関の業務範囲規制のあり方

　業務範囲に関して厳格な制限が存在する伝統的な金融機関のうち、銀行については、

---

[1] 業務範囲に関して厳格な制限が存在する他の業者として、例えば、投資運用業者がある。

平成 28 年の銀行法等の改正により、銀行業高度化等会社[2]を子会社・兄弟会社とすることが可能となった。この銀行業高度化等会社は、いわゆる EC モール（電子商取引市場）の運営を含めた多様な業務を営むことが想定されており、当然にして、情報の利活用に関する業務を幅広く営むことも可能である。すなわち、銀行の子会社・兄弟会社は、現行制度の下でも情報の利活用に関する業務を幅広く営むことが可能である。

　他方で、利用者から情報の提供を受けて、それを保管・分析し、自らの業務に活用する、さらには（必要に応じ当該利用者の同意を得た上で）第三者に提供する、といったことが今日の経済社会において広く一般的に行われるようになっていることを踏まえれば、伝統的な金融機関についても、情報の利活用に関する一連の業務を、本体で営むことを可能とすることが適当である。

　ただし、例えば銀行の業務範囲規制の検討は、本スタディ・グループにおいてこれまでも議論があったように、①利益相反取引の防止、②優越的地位の濫用の防止、③他業リスクの排除、といった規制の趣旨を踏まえつつ、監督の実効性等にも配意しながら進めていく必要がある。このため、銀行業高度化等会社が営むことができる情報の利活用に関する業務全てを、銀行本体が営むことを直ちに認めることは、適当ではないと考えられる。
　こうした点も踏まえ、銀行本体が情報の利活用に関する一連の業務を営むことを可能とする観点から、銀行本体が営むことを新たに認める業務は、さしあたりは、保有する情報を第三者に提供する業務であって銀行業に何らかの形で関連するもの、とすることが適当である。

　また、保険会社、第一種金融商品取引業者等についても、情報の利活用の社会的な進展を踏まえ、銀行本体が営むことを新たに認める上記業務に相当する業務を、それぞれ本体が営むことを認めることが適当である。

　なお、保険会社については、現在、銀行業高度化等会社に相当する会社を子会社として保有することが認められていない[3]。これに関し、保険会社についても、保険業の高度化や利用者利便の向上を図る観点から、銀行業高度化等会社に相当する会社を子会社として保有することを認めることが適当であると考えられる。

---

[2] 情報通信技術その他の技術を活用した、銀行業の高度化・利用者利便の向上に資する（と見込まれる）業務を営む会社。
[3] なお、第一種金融商品取引業者及び投資運用業者については、保有可能な子会社の範囲に関する制限がそもそも存在しないため、現行制度の下でも、銀行業高度化等会社に相当する会社を子会社として保有することが可能である。

3．今後の課題

　以上が、本スタディ・グループにおける、金融機関による情報の利活用に関する議論の結果である。本スタディ・グループにおいては、現在、他にも検討を進めているテーマがあるが、金融業を巡る環境が急速に変化していることを踏まえ、「議論が収束したものから取りまとめ、対応を求めていく」という観点から、金融機関による情報の利活用に関して、本報告を取りまとめたものである。

　今後、本報告に示された考え方を踏まえ、関係者において、適切な制度整備が進められていくことを期待する。

　なお、本報告は、業務範囲規制のあり方についての検討のうち、さしあたり情報の利活用に関する業務に係るものを取りまとめたものである。業務範囲規制のあり方についての検討は、引き続き、機能別・横断的な金融規制全体の検討の中で行っていく。

（以　上）

金融審議会　市場ワーキング・グループ
「直接金融市場に関する現行規制の点検」について

平成 30 年 12 月 27 日

　本報告は、直接金融市場における現行規制の点検事項について、本ワーキング・グループが審議した結果を取りまとめたものである。本報告に示された考え方を踏まえ、当局および関係者において、適切な制度整備が進められることを望みたい。

1．契約締結前交付書面等の見直し

　金融商品取引業者等は、契約の締結前に、業者の商号や契約の概要、手数料、リスク等を記載した書面をあらかじめ交付する必要がある。一方で、契約の締結前 1 年以内に同種内容の契約に関する本書面を交付している場合等、投資者の保護に支障を生ずることがない一部の場合には、交付の義務が免除されている。

　このような規制を前提として、証券会社においては、交付漏れを防止しつつ円滑な受注を確保する実務上のニーズから、上場有価証券等に関する本書面を冊子にまとめ、すべての顧客に対し毎年 1 回交付する実務運用が存在しているが、顧客にとって必ずしも有益な情報提供の方法となっていない、との指摘がある。

　このため、顧客に対して重要情報を提供するという趣旨を損なうことなく、顧客利便や環境への配慮等の観点から本書面交付の合理化・効率化を図るとともに、複雑な商品等については顧客本位の説明等が確保されるようにすることが適当である。

　併せて、本書面や広告等の記載事項や方法を工夫し、より認識・理解しやすいものにするなど、情報技術の進展等に対応した顧客への情報提供のあり方について、市場関係者と連携しながら検討していくことが望まれる。

2．犯則調査における証拠収集・分析手続

　近年の情報技術の進展等により、犯則調査において電磁的記録（例えば、パソコン接続サーバに保管されているデータ）等の証拠収集・分析を行う必要性が高まっている。

　しかし、金融商品取引法には、刑事訴訟法や国税通則法等に導入されている電磁

1

的記録に係る差押え等の規定が整備されておらず、現在は、証券取引等監視委員会が押収物たるパソコン等の外部にある電磁的記録の取得等を行う場合、任意の協力を求めるしかない状態となっている。

　従って、犯則調査における証拠収集・分析手続について、他法令の規定等を参考としつつ、金融商品取引法に必要な規定を整備することが適当である。

3．非清算店頭デリバティブ取引の証拠金規制

　G20 カンヌ・サミット（平成 23 年 11 月）において、店頭デリバティブ取引のうち清算機関を通じて決済されない取引（非清算店頭デリバティブ取引）に関し、取引当事者間で証拠金（担保）の授受を行うことを義務付ける規制の導入が合意された。これを受けて、我が国においても平成 28 年 9 月に同証拠金規制が導入されたところであり、平成 32 年 9 月以降は同規制の適用対象が地銀・保険会社等にも広がる見込みとなっている。

　同証拠金規制においては、受領した当初証拠金について、相手側破たん時に即時利用が可能な様態で分別管理することが求められているが、一方で、我が国の現行法制の下では、クロスボーダー取引で慣行となっている質権構成による当初証拠金の授受を行う場合、担保提供者に会社更生法が適用されると、担保受領者による実行が制限されるリスク（会社更生法リスク）があり、その即時利用が必ずしも確保されていないとの指摘がある。

　そのため、決済における安定性を確保する観点から、関係法令において、国際慣行に即した証拠金授受を一括清算の対象とするため必要な規定を整備することが適当である。

2

●事項索引

逐条解説　2019年資金決済法等改正

2020年3月10日　初版第1刷発行

監 修 者　　小　森　卓　郎　　岡　田　　　大
　　　　　　井　上　俊　剛

　　　　　　守　屋　貴　之　　鈴　木　善　計
編 著 者　　小　澤　裕　史　　大　野　由　希
　　　　　　荒　井　伴　介　　岡　村　健　史

発 行 者　　小　宮　慶　太

発 行 所　　株式会社　商 事 法 務
　　　　　　〒103-0025 東京都中央区日本橋茅場町3-9-10
　　　　　　TEL 03-5614-5643・FAX 03-3664-8844〔営業部〕
　　　　　　TEL 03-5614-5649〔書籍出版部〕
　　　　　　https://www.shojihomu.co.jp/